Heribert Fischedick

Die Kraft der Rituale

Lebensübergänge bewusst erleben und gestalten

Kreuz

Meinen Eltern in Dankbarkeit

Heribert Fischedick

Die Kraft der Rituale

Inhalt

Vorwort

Alle Kulturen haben Rituale entwickelt, die bei der Bewältigung und spirituellen Vertiefung bedeutender Entwicklungsschritte im Leben Einzelner und ganzer Gesellschaften Beistand und Unterstützung bieten. Sie helfen, Kontakt zur gewöhnlich verborgenen, aber bedeutsamen Dimension der Wirklichkeit aufzunehmen, aus der heraus wir Sinn erlebend erfahren können. Durch ihre bewusste Inszenierung schaffen sie ein hochwirksames Kraftfeld, das Prozesse anstößt und vertieft und Menschen über das bewusste Denken und Arbeiten hinaus einer Lösung der anstehenden Entwicklungsaufgaben zuführt.

Lange Zeit hat in unserer abendländischen Tradition vor allem die katholische Kirche an markanten Wendepunkten im Jahres- und Lebenszyklus Rituale geboten. Doch mit der zunehmenden Bedeutungslosigkeit der Kirchen und der Entsinnlichung von Religion ist gerade im Hinblick auf Rituale eine Lücke entstanden, die nicht ohne weiteres durch Anleihen bei anderen Kulturen aufgefüllt werden kann. Mir selbst haben allerdings die Erfahrungen mit der rituellen Praxis anderer Kulturen geholfen, auch die eigenen Traditionen besser zu verstehen und wieder neu zu achten.

Deshalb wendet sich dieses Buch an alle,

- die die Heilkraft und Veränderungsenergie von Ritualen verstehen wollen,
- die mit diesen Kräften einen heilsamen Umgang suchen,
- die nach einer Dramaturgie und nach Anregungen suchen, eigene Rituale zu entwickeln und durchzuführen,
- die auch den Sinn und die Kraft der großen Rituale unserer

Kultur entdecken und als Anregung für eigene Rituale nutzen wollen.

Ich selbst führe die Rituale auf dem Hintergrund einer christlich/gnostischen Orientierung durch, aber alle Beispiele in diesem Buch lassen sich auch mit anderen spirituellen Orientierungen gestalten. Denn alle spirituelle Erfahrung übersteigt jegliches Dogma und verbindet zu einer zeiten-, kulturen- und religionenübergreifenden Ökumene.

Die Bedeutung von Ritualen

Die Rückkehr der Rituale

Rituale erfreuen sich neuerdings wieder einer größeren Aufmerksamkeit und Wertschätzung. Dabei waren sie lange Zeit in Verruf geraten und allenfalls noch als Forschungsobjekt über so genannte primitive Kulturen interessant. Die »68er-Generation«, der auch ich angehöre, hatte in einem wichtigen Befreiungsprozess gegen überlieferte Traditionen und Regeln rebelliert und in diesem Zusammenhang Rituale als leeren und bestehende Herrschaftsverhältnisse stabilisierenden Formalismus bekämpft. Spontaneität, Bewusstheit, Zweckrationalität und Individualität galten als die neuen Gütezeichen des Lebens. Rituale wirkten dagegen als zwanghafte Abfolge festgelegter Handlungen, deren Sinn nicht erkennbar war und die ohne wirkliches Engagement vollzogen wurden. »Das macht man halt so, das war schon immer so«, war allzu oft die einzige Erklärung, die unsere Elterngeneration bereit hatte und natürlich unserem bohrenden Fragen als Antwort nicht genügte. Also gingen wir – in der harmlosen Rebellenvariante – in Alltagskleidung in das Theater oder in die Oper, standen im Gottesdienst, wenn alle knieten, und beharrten auf der Freiheit des Individuums und bewussten Entscheidungen. Rituale wurden verdächtigt, das selbständige Denken zu blockieren und die Menschen einzulullen. Der furchtbare Missbrauch von Symbolen und Ritualen durch die Naziideologen belegte diesen Verdacht, aber ebenso eine überladene Liturgie mit ihrem höfischen Zeremoniell und ihrem für die Mehrheit unverständlichen Latein. Auch das Brauchtum mit seinen festen Rollenzuweisungen und seiner unfreiwilligen Komik und die sich auf Amt und Würden berufenden Autoritäten trugen zur Abwertung von Ritualen bei. »Unter den Talaren der Muff von tausend Jahren« wurde zum Schlachtruf, mit dem hohle Traditionen und Rollen entlarvt und abgeschafft werden sollten. Mein Abiturzeugnis konnte ich mir im Sekretariat abholen, es gab keine feierliche Überreichung mit in Latein und Griechisch gehaltenen Reden und einem Auftritt des Schulorchesters mehr. Diese Feierlichkeiten hatten wir in den vorangegangenen Jahren mit Sprechchören und kritischen Reden gestört.

Kein Wunder, dass in diesen zeitlichen und entwicklungsmäßigen Zusammenhang auch die große Liturgiereform der katholischen Kirche im Rahmen des Zweiten Vatikanischen Konzils fiel. »Nach der liturgischen Ordnung für die Messe, die vom 16. Jahrhundert bis in die jüngste Vergangenheit galt, hatte der zelebrierende Priester innerhalb der 30 Minuten dauernden Feier alle 2 Minuten eine Kniebeuge zu machen, alle 35 Sekunden ein Kreuzzeichen, alle drei Minuten einen Altarkuss; genau gesagt: 16 Kniebeugen, 52 Kreuzzeichen, 10 Altarküsse. … man kann es einem Menschen von heute nicht verargen, wenn ihm das als eine Häufung erscheint, die seiner Andacht eher schadet.«[1] Das feierliche Hochamt mit vielen Messdienern, Fahnenträgern, Auf- und Abzügen belächelten wir als »liturgisches Geländespiel« und begrüßten daher alle Vereinfachungen und Annäherungen an eine nüchterne, den Verstand ansprechende Liturgie.

Aber wie so oft wurde in der notwendigen Rebellion das Kind mit dem Bade ausgeschüttet. Zunehmend mehr Menschen empfinden inzwischen den Verlust von Ritualen und Brauchtum als Verarmung, spirituell Suchende leiden zudem an der Erfahrungslosigkeit westlicher Religion. Der atheistische Psychoanalytiker und Symbolforscher Alfred Lorenzer nannte daher das Zweite Vatikanische Konzil ein »Konzil der Buchhalter« und bescheinigte seiner Liturgiereform, die Symbolebenen zerstört und die Liturgie entsinnlicht und so aus dem Spiel mit dem Numinosen ein pädagogisierendes und indoktrinierendes Instrument der Volksbelehrung gemacht zu haben. In der Tat hat in der Liturgie das Wort die Oberhand bekommen, das, wie im Hörsaal, ständige Aufmerksamkeit erzwingt. Vom ersten bis zum letzten Satz werden wir von vorne und »von oben« informiert und belehrt, in »das Thema des Gottesdienstes«, in die Lesung und in das Evangelium eingeführt, in der Predigt darüber aufgeklärt, wie wir leben müssen, und selbst die Gebete machen noch den Eindruck, dass sie sich mehr an die Gemeinde als an Gott richten, um sie über »Gott und die Welt« aufzuklären. Jede Lehre und jede Belehrung ist aber etwas Gewaltsames, da sie eine einheitliche Sichtweise herstellen will. Symbole dagegen sind gewaltfrei, denn sie enthalten viele Bedeutungsebenen und -inhalte, und jeder kann sie auf dem Hintergrund seiner aktuellen Befindlichkeit auf sich wirken lassen und in seiner Weise damit umgehen. Das alte Ritual bot viel »Freiraum« zur Selbstbeschäftigung, und in der frei schwebenden Aufmerksamkeit war viel Platz für eigene Phantasien und Gefühle.

Dem Verlust von Ritualen und Brauchtum begegnen Menschen heute, indem sie eigene Formen wiederholbarer Handlungsabläufe entwickeln, mit deren Hilfe sie im hektischen Alltag »Inseln der Beständigkeit« schaffen und besondere Zeiten markieren. Zudem suchen sie in anderen oder vergangenen Kulturen nach Anregungen, praktizieren keltische, kabbalistische oder schamanistische Rituale und beschwören ihren beruflichen Erfolg oder ihre Gesundung mit weißer oder auch schwarzer Magie. Ich selbst habe Rituale erst wieder durch meine tiefenpsychologische und bioenergetische Ausbildung und meine Ausflüge in fremde Kulturen im Rahmen vergleichender Religionswissenschaft schätzen gelernt. Denn die Tiefenpsychologie lehrte mich, dass es neben den bewussten Überlegungen, Entscheidungen und Vollzügen auch das Unbewusste gibt, das uns mehr bestimmt, als wir annehmen, und mehr, als es uns lieb ist. Aber sie lehrte mich auch den Wert der unbewussten Vorgänge, Kräfte und Zusammenhänge sowie die Achtung vor dem Symbol als Sprache der Seele. In der Bioenergetik lernte ich den Körper als Medium für Erfahrungen schätzen und somit auch die emotionale Bedeutung von Bewegungen und Haltungen, mit denen alle Rituale arbeiten. Und sie rehabilitierte die Emotionen als wesentliche Bestandteile unserer Erfahrung und unseres Selbstausdruckes. Der Blick in fremde Kulturen ermöglichte schließlich eine vorurteilsfreiere Beschäftigung mit Ritualen, wodurch ich auch ein neues Verständnis für das rituelle Erbe der eigenen Kultur gewann.

Aber nicht alles, was Ritual genannt wird, ist auch eines. Wer allmorgendlich den Wecker etwas zu früh stellt, um sich dann noch einmal rumzudrehen oder sich gemütlich noch eine Zeit im Bett zu wälzen, dann aufsteht, das Radio und die Kaffeemaschine einschaltet und anschließend auch im Bad Morgen für Morgen nach dem gleichen Prinzip vorgeht, hat zwar eine ritualisierte Gewohnheit entwickelt, aber kein Ritual. Auch die feste allabendliche Abfolge von Abendtoilette, Verabschiedung, Revuepassieren des Tages, Gutenachtgeschichte und Gutenachtkuss mit liebevollem Zudecken für die Kinder bildet trotz des immer gleichen Ablaufes noch kein Ritual. Solche festen Handlungsabläufe beim morgendlichen Aufstehen, im Bad, beim Hausverlassen oder beim Heimkommen strukturieren und ordnen die Abläufe unseres Lebens, bieten in der vertrauten Wiederholung Sicherheit und Geborgenheit, entlasten uns von ständig neuen und bewussten Entscheidungen, aber sie sind keine Rituale. Denn es gibt einige Kriterien, anhand derer sich wirkliche Rituale deutlich von Spiel, Gewohnheiten, Brauchtum, Zeremonien und ritualisiertem Verhalten unterscheiden lassen: den Anlass, die Ordnung, die Form, das Motiv, die archetypischen Symbole und den Wechsel.

Der Anlass

Rituale stehen in einem engen Zusammenhang mit zeitlichen, räumlichen, biologischen Veränderungen oder Veränderungen in Beziehungen (z. B. Jahreswechsel, Ortswechsel, Geburt, körperliche Reifung, Heirat, Tod, Tagesbeginn und -ende).

Die Ordnung

Rituale haben einen bewussten Anfang und ein klares Ende und grenzen spontanes Verhalten ein. Zu ihrer Durchführung bedarf es eines förmlichen Beschlusses oder einer feierlichen Absicht. Die spontane, zufällige und willkürliche Feier eines Wechsels ist daher kein Ritual.

Die Form

Rituale sind förmlich und stereotyp, d.h., sie müssen auf eine bestimmte Art und Weise und in einer bestimmten Reihenfolge ausgeführt werden. Sie sind daher wiederholbar und auch von anderen nachzuahmen.

Das Motiv

Durch das Motiv und die Intention, die einem Ritual zu Grunde liegen, erhalten Handlungen und Gegenstände, die auch im Alltäglichen und Gewöhnlichen vorkommen, so etwas wie Erhabenheit. »Wasser über etwas ausgießen« geschieht dann nicht mehr, um etwas zu waschen, sondern um es zu weihen. Rituelle Handlungen sind daher nicht zweckrational, man kann sie nicht einfach abändern, um ein Ziel besser, schneller oder billiger zu erreichen, z. B. die Osterkerze mit dem Feuerzeug anzünden. Die Bedeutung von Gegenständen liegt im Ritual nicht mehr in ihrem Gebrauchswert, sondern in ihrem Erlebniswert, eine Kerze dient somit nicht mehr als Beleuchtungsquelle, sondern als Symbol und Vermittler von Stimmung.

Archetypische Symbole

Damit ein Ritual seine Ordnung stiftende Wirkung auch innerhalb der menschlichen Seele entfalten kann, bedarf es der Verwendung archetypischer Symbole. Dieser Begriff ist der Tiefenpsychologie Carl Gustav Jungs entnommen und bezeichnet zeit- und kulturübergreifende, mit Emotionen verbundene Symbole, die auf unbewusste Weise verstanden werden und über die wir Anschluss an die Lebenserfahrung der Menschheit erhalten. Das Umschreiten eines Altares, das Auslegen eines Steinkreises, ein langsamer Rundtanz, bewusst vollzogen, werden durch das zu Grunde liegende Kreissymbol von unserer Psyche als Zentrierung und Abgrenzung verstanden und mitvollzogen. Die Verwendung von 20 Gesten beim Beten des Vaterunsers wirkt dagegen wie Morgengymnastik und bleibt ohne Tiefenbezug.

Der Wechsel

Jedes Ritual ist mit einem spürbaren Wandel verbunden, durch den entweder eine neue Kompetenz oder ein neuer Status erworben wird, was auch gesellschaftliche Konsequenzen hat. Durch ein Initiationsritual wird man z. B. Mitglied der Erwachsenengesellschaft oder einer religiösen Gemeinschaft mit allen Rechten und Pflichten.

In diesem Sinne könnte auch das abendliche Zu-Bett-Bringen der Kinder ein Ritual sein, wenn es mit einer entsprechenden Bewusstheit durchgeführt würde. Dann müssten sich die

Eltern bewusst sein, dass sie mit dem Schließen der Vorhänge, dem Aufdecken des Bettes, dem Anzünden einer Kerze oder eines kleinen Lichtes das Kinderzimmer symbolisch aus seiner Alltagsfunktionalität herausnehmen und es zu einem heiligen Raum machen, in dem nun besondere Handlungen stattfinden, die sich vom Tagesgeschehen unterscheiden. Es müsste ihnen bewusst sein, dass sie das Kind aus einer bestimmten Zeitqualität, der Wachzeit, nun in eine andere Zeitqualität, die der Schlafenszeit, geleiten. Es müsste ihnen bewusst sein, dass das Kind Nacht für Nacht in seinen Träumen den Raum einer anderen Realität betritt, bei deren Bewältigung sie ihm nicht helfen können. Bewusst müsste dem Kind darum mit dem Sprechen des Nachtgebetes die Sicherheit gegeben werden, dass es nunmehr der Obhut anderer und größerer guter Mächte anheim gegeben wird. Ansonsten bleibt dieser Vorgang zwar eine gute Gewohnheit, aber es fehlen ihm wesentliche Merkmale eines Rituals.

So ist unser Leben zwar durchzogen von einem Netzwerk unbewusster Gewohnheiten und ritualisierter Abläufe, aber durch die Entsinnlichung der Religion und unserer Alltagsvollzüge, den Bedeutungsverlust kirchlich vermittelter Religiosität und die Pluralität unserer Gesellschaft, die jedem einen eigenen Lebensentwurf und die Entwicklung eigener Bewältigungsmuster zumutet, fehlt es uns an wirkmächtigen Ritualen, die uns an markanten Brennpunkten unseres Lebens Orientierung und Lebenshilfe in der Tiefe bieten könnten. Und denen, die noch von Amts wegen mit Ritualen umgehen, scheint überwiegend auch nicht mehr bewusst zu sein, was sie da tun. Das Kriterium einer gelungenen Liturgie scheint deren Unterhaltungswert für die Konsumenten zu sein. Entweder man ist mit der Taufe, der Hochzeit oder dem Begräbnis zufrieden, weil der Pfarrer oder die Pfarrerin es »nett« gemacht haben und die Gemeindeassistentin sich so viel Mühe mit irgendeiner »Action«

gemacht hat, oder zu Recht unzufrieden, weil der Gottesdienst lieb- und leblos vollzogen wurde. Aber dass es sich hier um Dramaturgien handelt, die die großen Leidenschaften und Gefühle, die zentralen Themen des menschlichen Daseins gerade zum Zeitpunkt von deren Krise zur Darstellung bringen und beantworten – wo ist das erlebbar?

Die psychologische Funktion von Ritualen

In fast allen alten Kulturen und Gesellschaften gab es machtvolle Rituale, um Einzelpersonen, Gruppen und ganze Zivilisationen zu verwandeln. Diese Rituale werden von den Anthropologen »Durchgangsriten« genannt, weil sie in Zeiten wichtiger Übergänge in der Entwicklung des Einzelnen oder im Leben ganzer Kulturen stattfanden. Solche Übergänge waren z.B. der Eintritt in das Erwachsenenalter oder der Wechsel vom Einzeldasein zur familiären Lebensgemeinschaft oder die Aufnahme in eine religiöse Gemeinschaft, aber auch Ereignisse wie schwere Krankheiten oder das Überqueren geographischer Grenzlinien oder kalendarische Erneuerungsfeste – also alles, was in einem äußeren oder inneren Sinn als Übergang, als Orts-, Zustands-, Seins- oder Identitätsveränderung bezeichnet werden kann und tief gehende Lern- und Entwicklungsvorgänge erfordert. An diesen Schwellensituationen boten die Rituale ein bewährtes Beistandsprogramm an, das mit Hilfe seiner Handlungen, Formeln und Symbole die zu bewältigende Situation deutete, die damit verbundenen Lernaufgaben beschrieb und den erforderlichen langwierigen Anpassungsprozess vorwegnehmend symbolisch-dramatisch darstellte und ihn so in Gang brachte.

Arnold van Gennep beschreibt im Ablauf der Durchgangsriten drei typische aufeinander folgende Stadien: die Loslösung, die Einweihung und die Wiedereingliederung. Im Stadium der Loslösung wurde der Einzelne oft überfallartig aus seinem vertrauten sozialen Gefüge herausgerissen und isoliert. So wurden in verschiedenen Pubertätsritualen die heranwachsenden Jungen nachts von einer vermummten oder maskierten Gestalt, dem Ahnen- oder Stammesgeist, überfallen, von ihren schreienden Müttern getrennt und gewaltsam verschleppt. Durch die plötzliche und radikale Absonderung wurde der Bruch mit der bisherigen Daseinsweise herbeigeführt, nicht als allmählicher Prozess, sondern in einer dramatischen Zuspitzung. Diese Loslösung war deshalb auch mit Trauer über den Verlust des Vertrauten und mit Angst vor dem Unbekannten verbunden. Das »Programm« für die zu bewältigende Wachstums- und Wandlungsaufgabe wurde den Heranwachsenden in Form von Mythen, Liedern und Tänzen vermittelt, oft auch in Gestalt einer Landkarte der eigenen Innenwelt, die jetzt betreten und durchquert werden musste. Die Mythen lassen sich in diesem Zusammenhang als Bilder kollektiver Erfahrungen mit zentralen Themen des Lebens verstehen, die nun dem Einzelnen zur Verfügung gestellt werden. Diese Belehrung konnte sich durchaus über Jahre erstrecken.

Im zweiten Stadium, der Einweihung, traten die Aspiranten in eine Periode der Erfahrung ein, in der sie die in den Mythen enthaltenen Erfahrungen nun selbst nachvollziehen konnten. Oft wurden ihnen die Ohren verstopft, die Augen verbunden und das Sprechen verboten, damit sie sich ganz auf ihre inneren Prozesse konzentrieren konnten. »Bei manchen Völkern wurden die Initianden nackt in frisch ausgehobene Gräber oder in einen kreuzförmigen Graben gelegt. Ein Chor stimmte den Grabgesang über ihnen an, und die Angehörigen beweinten sie wie Tote.«[2] In anderen Kulturen mussten sie durch ein Fisch-, Bären- oder Löwenmaul, ein symbolisches Verschlungen- und Getötetwerden, in ihre Initiationshütte bzw. -höhle kriechen, die »Vagina«, »Schoß« oder »Grab« genannt wurde. Mit Hilfe pflanzlicher Rauschmittel, rhythmischer Tänze, monotonen Gesangs, Schlafentzugs, Fastens, meditativer Techniken und spiritueller Übungen wurden die psychologischen Abwehrmechanismen abgeschwächt oder ausgeschaltet, die sonst die Welt des Übernatürlichen (psychologisch gesehen das Unbewusste und das Überbewusste) von der Welt der alltäglichen Realität getrennt halten. Im Aufgeben der rationalen und willentlichen Selbstkontrolle werden so die eigenen Tiefenschichten und die darin enthaltenen archetypischen und transpersonalen Erfahrungen zugängig. Es sind regelrechte Offenbarungserlebnisse, die grundlegende philosophische und spirituelle Dimensionen der menschlichen Existenz betreffen und auf diese Weise helfen, die Welt über das hinaus, was man sieht, zu verstehen und sich entsprechend dazu zu verhalten. Die Elemente, die im Einweihungsstadium zur Anwendung kommen, erklären auf sinnfällige Weise, dass jede tief greifende Weiterentwicklung einem Sterben und Neuwerden gleichkommt, durch das vertraute Denk-, Erlebnis- und Verhaltensmuster einschließlich der damit verbundenen Selbst- und Lebenskonzepte aufgegeben und neue erworben werden müssen.

Im dritten Stadium, der Wiedereingliederung, wurde der Einzelne wieder in die Gemeinschaft integriert, aber er war jetzt nicht mehr der gleiche wie vorher, sondern im Besitz neuer Erfahrungen, neuer Kenntnisse und Kompetenzen und daher auch im Besitz neuer Verantwortung und eines neuen Ranges. Den nackten und völlig kahl rasierten Novizen wurde Blut von Opfertieren über den Kopf gegossen sowie Fäkalien oder andere widerliche Stoffe. Sie mussten durch eine enge Öffnung ins Freie kriechen und wie ein neugeborenes Kind schreien. Eine symbolische Nabelschnur wurde ihnen durchtrennt, sie bekamen Milch zu trinken und erhielten neue Kleidung. Häufig erhielten sie auch einen neuen Namen, die Angehörigen stellten sich ihnen vor und führten sie durch das Dorf, so, als ob die Novizen wirklich neugeboren wären und das alles noch nie gesehen hätten.

In den Durchgangsriten wurde also mit Elementen gearbeitet, die stark an die biologische Geburt erinnern. Das Stadium der Loslösung entspricht dem abrupten Ende der Urgeborgenheit im Mutterschoß durch die einsetzenden Wehen, die Einweihung dem Überlebenskampf des Geburtsvorganges und die Wiedereingliederung dem erlösenden Zur-Welt-Kommen. Das legt die Annahme nahe, dass das menschliche Unbewusste ein Speicher vielfältiger Erfahrungen ist, die mit der biologischen Geburt grundgelegt werden und die Grundelemente jeder tief greifenden Veränderung bilden. Auf diese Weise knüpfen die Durchgangsriten in ihren Abläufen an diesen unbewussten Matrizen an, wodurch der Einzelne deren mächtige Energien erleben und zum Ausdruck bringen kann.[3]

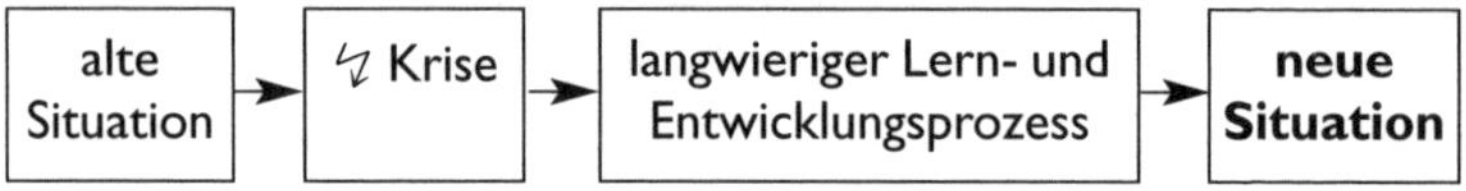

Abb. 1

Schwellensituationen, in denen die Durchgangsriten zum Tragen kamen, sind dadurch gekennzeichnet, dass der Status quo nicht mehr zu halten ist, die alte Situation gerät in eine Krise. Die bis dahin erworbenen Fähigkeiten, Einschätzungen, Verhaltensmuster, Identifikationen und Orientierungen passen nicht mehr. Der Zusammenbruch der alten Welt kann überraschend und massiv erfolgen, wenn unerwartet ein Verlust dessen eintritt, worin bisher eine wesentliche Quelle der Bedürfnisbefriedigung und der Selbstbestätigung bestand (Beruf, Bezugspersonen, Gesundheit, Heimat, Positionen, Rolle, Status, Ersparnisse). Er kann aber auch langsam und schleichend erfolgen, wie es oft in entwicklungsbedingten Krisen der Fall ist (Schulanfang, Pubertät, Verlassen des Elternhauses, Ausbildungsabschluss, »Realitätsschock« in Beruf und Partnerschaft, Menopause, Pensionierung etc.). Solche Erfahrungen bedrohen das eigene Selbstverständnis und bringen zumindest zeitweilig Gefühle von Hilflosigkeit, weil eben die bisherigen Denk- und Verhaltensmuster nicht mehr greifen. Sie erfordern daher einen teils langwierigen Anpassungs- und Lernvorgang, durch den neue Informationen verarbeitet, der Verhaltensspielraum erweitert, das Selbstkonzept korrigiert und ein angemessener Bezug zur neuen Situation entwickelt werden muss (s. Abb. 1). Ohne Rituale ist jeder darauf angewiesen, einen eigenen Weg durch derartige Krisen zu entwickeln. Im Ritual würde ihm jedoch ein bewährtes Programm zur Verfügung gestellt und seinem Unbewussten Informationen vermittelt, wie der notwendige Wandel vollzogen werden kann. Rituale könnte man deshalb als Entwicklungshelfer bezeichnen, die in Schwellensituationen dazu beitragen, den erforderlichen Bezugswechsel zu schaffen (s. Abb. 2).

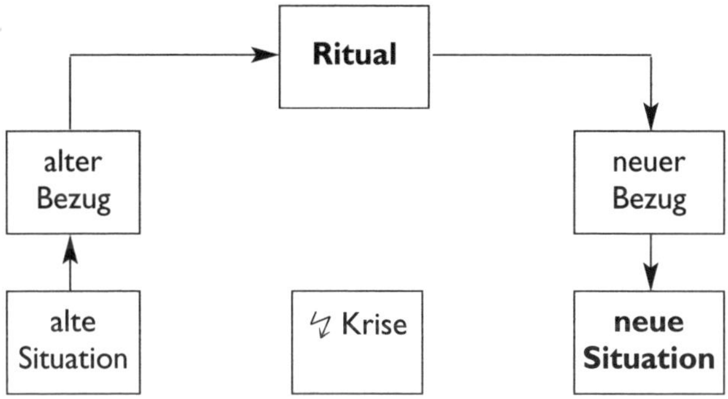

Abb. 2

Dabei erfüllen Rituale im Wesentlichen folgende Funktionen:

Rituale schaffen Verhaltenssicherheit,

indem sie vorgeben, was jetzt zu tun ist, und einen bereits geregelten Ablauf haben, sodass nicht viel bewusst überlegt und entschieden werden muss. Das entlastet die Betroffenen erheblich.

Rituale reduzieren Angst

Jede Schwellensituation zwingt einen, über den Bereich des Vertrauten und Gewohnten hinauszugehen und sich in unbekanntem »Gelände« zu versuchen. Verständlich, dass an der Grenze nicht nur Unsicherheit auftritt, sondern auch Angst, die durchaus die Intensität von Panik annehmen kann. Rituale mildern diese Angst, da sie durch ihre geregelten Abläufe wie ein Führer wirken, der in der Orientierungslosigkeit neue Orientierung gibt. Außerdem machen sie durch das erforderliche Handeln aus dem Opfer einer Krise wieder einen Akteur. Es ist in hohem Maße Angst und Stress reduzierend, das Gesetz des Handelns zurückzugewinnen und somit nicht der erlebten Hilflosigkeit zu erliegen.

Rituale ermöglichen kontrollierten Umgang mit Emotionen,

denn ihre Elemente fördern einerseits den Ausdruck von Emotionen (Musik und Worte bei einem Begräbnis sollen zu Herzen gehen und das Weinen auslösen), andererseits setzen sie ihm Grenzen, schon allein dadurch, dass das Ritual weitergeht und man sich wieder fassen muss, um etwas zu tun oder zu sagen.

Rituale schaffen Ordnung in der Tiefenschicht

Es ist die Überzeugung der Tiefenpsychologen, dass Symbole die Merkzeichen der Seele sind. Sie sehen in der Symbolisierungsfähigkeit des Menschen die Grundlage, Erfahrungen mit der Innen- und der Außenwelt innerseelisch zu registrieren, zu verarbeiten und auch für die Zukunft verwertbar zu machen. Manchmal, wenn wir einen Traum erinnern, bekommen wir etwas von diesen Prozessen, die unterhalb des Bewusstseins laufen, mit. Nur der Mensch ist in der Lage, Ereignisse und Erlebnisse zu deuten und ihnen dadurch Bedeutung zu verleihen. So korrespondieren äußere gegenständliche, sprachliche und bildhafte Symbole als Träger von Bedeutung mit diesen innerseelischen Symbolen. Es findet eine Informationsvermittlung auf kürzestem Wege statt, deren Ergebnis eine komplexe Haltung gegenüber den im Ritual dargestellten Konflikt- und Lösungsszenarien ist. Es wird also ein neuer Bezug hergestellt. Während wir uns sonst bewusst mit Problemen auseinander setzen und über gewonnene Einsichten versuchen, auch die emotional verankerten Erlebnis- und Verhaltensmuster aufzubrechen, setzt das Ritual genau an diesen Tiefenschichten an und wirkt von daher auch auf das Bewusstsein.

Der englische Biologe Rupert Sheldrake hat mit seiner Theorie der morphischen Felder eine weitere mögliche Erklärung für das Wirken der Rituale geliefert. Sheldrake geht davon aus, dass es einen unbewussten Informationskanal für alle Wesen einer Spezies gibt, der als weltweites biologisches Informations- und Organisationssystem wirkt. In diesem morphischen Feld stehen jedem Lebewesen dieser Spezies die Erfahrungen, Fähigkeiten und Fertigkeiten jedes anderen Lebewesens dieser Art zur Verfügung. Das bekannteste Beispiel, das eine solche Annahme nahe legt, ist die erlernte Fähigkeit des Milchflascheöffnens von Blaumeisen. In England wurden vor dem Zweiten Weltkrieg Milchflaschen mit Aluminiumdeckeln versehen. Eine Blaumeisenart entwickelte bald eine Technik, diese Deckel zu öffnen. Während des Krieges wurde die Produktion wieder auf Tüten umgestellt, die Meisen mussten auf die Milch verzichten. Nach dem Krieg wurde jedoch erneut auf die Flasche mit Aluminiumdeckel umgestellt. Und jetzt geschah das Überraschende: In ganz England beherrschten plötzlich alle Meisen die Fertigkeit, diese Deckel zu knacken, ohne dass dies durch Vererbung oder Voneinanderlernen zu erklären gewesen wäre. Sie hatten es durch das morphische Feld gelernt. Auch andere Experimente und Beobachtungen legen die Annahme derartiger weltweiter Informationsfelder nahe. Macht ein Wissenschaftler eine bisher unbekannte Entdeckung, ist es schon oft geschehen, dass diese Entdeckung fast gleichzeitig auch in verschiedenen anderen Regionen der Welt gemacht wird. Überwindet ein Sportler nach langer Zeit eine bis dahin existierende Rekordhöhe, ist dies plötzlich auch anderen möglich. Und überall auf der Welt haben die Marder ziemlich zeitgleich begonnen, Autokabel anzuknabbern, obwohl sie dies jahrzehntelang nicht getan hatten. Es scheint, als flösse die Erfahrung und Entdeckung jedes Einzelnen in einen kollektiven Wissensspeicher, aus dem auch andere sich bedienen können. »Es liegt etwas in der Luft«, hat der Volksmund schon früher diese Erfahrung umschrieben. Im Hinblick auf Rituale bedeutet dies, dass Rituale durch ihre Elemente den Teilnehmenden einen Zugang zu dem jeweils entsprechenden Erfahrungsfeld des anstehenden Wandels eröffnen. So wurde z.B. ein Heranwachsender einer alten Kultur im Rahmen der Pubertätsrituale dem Einfluss des Erwachsenenfeldes ausgesetzt und erwarb dadurch, ohne sich intellektuell damit auseinander setzen zu müssen, die Haltung und psychische Kompetenz eines Erwachsenen. Er wurde – in jeder Hinsicht des Wortes – eingeweiht. Vieles weist darauf hin, dass Rituale durch ständige Wiederholung ein immer stärkeres Feld entwickeln. Das könnte auch bedeuten, dass an Orten, an denen immer wieder ein bestimmtes Ritual durchgeführt wird, z.B. an Wallfahrtsorten, ebenfalls ein mächtig aufgeladenes Feld entsteht, in das die Pilger eintauchen und dadurch nicht nur heilsame, stärkende, wohltuende Erfahrungen machen, sondern ebenso eine Bezugsänderung im Hinblick auf ihre Anliegen und ihre Lebenssituation erleben.

Die soziale Funktion von Ritualen

Rituale dienen nicht nur der Bewältigung von Schwellensituationen im Leben Einzelner, sie erfüllen auch eine gesellschaftliche Funktion, denn sie vermitteln zwischen Individuum und Gesellschaft. Ihre Abläufe sind das Ergebnis eines kulturellen Wachstumsprozesses und nicht private Kreationen. Ihr »Sitz im Leben« waren ursprünglich Übergangssituationen der Gesamtgemeinschaft. Ihre Symbole sind daher von universeller Bedeutung und stellen dem Einzelnen kollektive Erfahrungen zur Verfügung. Sie werden öffentlich durchgeführt, selbst wenn es nur die kleine Öffentlichkeit einer verschworenen Gemeinschaft ist. Und sie binden dadurch den Einzelnen in die größere Gemeinschaft ein. »Es gibt keine Gesellschaft, die nicht das Bedürfnis fühlte, die Kollektivgefühle und die Kollektivideen in regelmäßigen Abständen zum Leben zu erwecken und zu festigen. Diese moralische Wiederbelebung kann nur mit Hilfe von Vereinigungen, Versammlungen und Kongregationen erreicht werden, in denen die Individuen, die einander stark angenähert sind, gemeinsam ihre Gefühle verstärken.«[4]

Rituale solidarisieren,

denn sie stimulieren das Gemeinschaftsgefühl und verwandeln das Bewusstsein, indem sie es auf gemeinsame Überzeugungen richten (das gemeinsame Glaubensbekenntnis, die gemeinsame Geschichte und Überlieferung, die großen Ahnen, das kollektive Ideal). Dadurch schaffen sie eine affektive Bindung an die gemeinsamen und idealisierten Werte. Sie grenzen nach außen ab gegenüber denjenigen, die auf Grund ihrer Abstammung oder Überzeugung nicht dazugehören, und verbinden nach innen. So schaffen sie eine kollektive Identität, in der der Einzelne aufgeht und sich aufgehoben fühlt, ja das Gefühl entwickelt, an etwas Höherem (Transzendentem, Heiligem) teilzuhaben. Die Nationalflagge und Nationalhymne, gemeinsam gesprochene oder gesungene Bekenntnisformeln sowie gemeinsame Verrichtungen werden zur repräsentativen und wirksamen Darstellung des Verbindenden. Die politische Klasse, Fußballvereine mit ihren Emblemen, Vereinshymnen und -rufen, die katholische Kirche mit Fahnen, Weihrauch und einem von Orgel und Posaunenchor begleiteten, inbrünstig gesungenen »Ein Haus voll Glorie schauet«, Parteitage mit euphorisierenden »Jetzt geht's los«-Rufen und Unternehmen mit Logo, Firmenphilosophie und gemeinsamen Großveranstaltungen, sie alle profitieren von dieser solidarisierenden Funktion von Ritualen, auch wenn es sich bei ihren Aktionen fast ausschließlich um ritualisierte Handlungen handelt. Dass sich diese Wirkung unterhalb der Schwelle des Diskurses und des systematischen Denkens entfaltet, ist einer der entscheidenden Gründe, weshalb meine Generation auf Rituale mit Misstrauen, Abwehr und intellektueller Aufklärung reagiert hat. So sehr ich heute das legitime Bedürfnis einer Gesellschaft achte, ihre soziale Ordnung auch mit Hilfe von Ritualen zu definieren und zu bestätigen, so möchte ich mir doch eine wache Aufmerksamkeit dafür bewahren, welche Motive und Strategien darin jeweils handlungsleitend sind.

Rituale stabilisieren

In den archaischen Kulturen, die in einem weitaus deutlicheren Maß den Unwägbarkeiten des Lebens ausgeliefert waren, als uns heute unsere Ungesichertheit bewusst ist, dienten die Rituale auch dazu, gegen die Kräfte der Angst, des Schreckens und der Demoralisierung zu wirken, um den Willen zum Leben zu stärken und so die Kontinuität der Existenz der jeweiligen Gesellschaft zu sichern. Dass Ritualen diese Wirkung zu Eigen ist und auch zugetraut wird, zeigt sich auch heute noch, wenn z.B. nach dramatischen Ereignissen wie dem 11. September 2001, Amokläufen oder schweren Unglücken Menschen spontan zusammenkommen und sich mit gemeinsamen Gesten und Symbolen (Blumen niederlegen, Lichterkette, sich an der Hand halten) genau dieser notwendigen Verbundenheit, des Aufgehobenseins in einer Gemeinschaft mit gleicher Orientierung und des Sinns von Weitermachen und Weiterleben vergewissern. Es bedarf eben in solchen Augenblicken nicht nur einer intellektuellen Verarbeitung, sondern auch einer emotionalen durch sinnlichen Ausdruck und Eindruck, die zu einer korrigierenden Gegenerfahrung wird.

Rituale stabilisieren eine Gesellschaft aber nicht nur dadurch, dass sie solidarisieren und die Identifikation mit den gewohnten gemeinsamen Werten und Überzeugungen stärken, sondern auch dadurch, dass sie Hierarchien und Rollen zuweisen und beständigen. Im religiösen Zeremoniell ist es z.B. die Rolle des Vermittlers zur transzendenten Welt, die ihm Bedeutung, Macht und Einfluss gibt; im höfischen Zeremoniell brachten Regeln, die genau festgelegt hatten, wer sich wem wie und bis zu welcher Grenze nähern durfte, die Zugehörigkeit zu einem Stand zum Ausdruck; im kirchlichen Zeremoniell schaffen und beständigen Aufgaben und Rollen, die nur von bestimmten Menschen ausgeführt werden dürfen, hierarchische Unterschiede. Und auch die Formel »Aber, aber, meine Herren, warum haben Sie denn nicht längst Platz genommen?«, mit der Chefärzte, Aufsichtsratsvorsitzende und andere Chefs zu spät kommend ihre Mitarbeiter ritualisiert begrüßen, soll keineswegs hierarchische Unterschiede einebnen, sondern sie im Gegenteil bestärken. Denn nur der Vorgesetzte darf unkommentiert zu spät kommen und diese Erlaubnis erteilen. Als

Erlaubnis, und sei sie noch so jovial vorgetragen, definiert sie als solche schon ein Gefälle. Wehe, die anderen hätten sich wirklich schon vorher hingesetzt! Auch der Karneval, in dem ein Prinz das Rathaus stürmt, die Regierung übernimmt und eine Zeit eröffnet, in der sonst übliche gesellschaftliche (auch moralische) Regeln eine Ausnahme erfahren, destabilisiert damit nicht die bestehende Ordnung, sondern stabilisiert sie, gerade indem er eine anders geregelte Auszeit gewährt und so die »Revolution« formal und zeitlich begrenzt. So stabilisieren Rituale den Bezug zu einem selbst (Identität, Rolle), zu anderen (Solidarität, Vergemeinschaftung) und zu Objekten (gemeinsame Werte und Überzeugungen, Gesellschaftsordnung). Natürlich gibt es auch verändernde Rituale wie die Inthronisation (Beförderung), aber auch sie spielen sich im Rahmen einer bestehenden Ordnung ab und stabilisieren so die Gesellschaft. Selbst die veränderungsfördernden und -begleitenden Rituale an gemeinsamen Schwellensituationen stabilisieren eine Gesellschaft, indem sie diese Veränderung strukturieren und im Bewusstsein aller Gesellschaftsmitglieder verankern.

Die spirituelle Dimension von Ritualen

Die Kulturen der vorindustriellen Welt waren sich darin einig, dass die materielle Welt, die wir wahrnehmen, nicht die einzige Wirklichkeit ist. Ihr Weltbild ließ auch die Existenz von Göttern, körperlosen Geistwesen, Naturgeistern und der Dimensionen zu, in denen diese existierten. In diesen Kulturen gab es ein ausgedehntes spirituelles und rituelles Leben, das sich um die Möglichkeit drehte, Kontakt zu dieser gewöhnlich verborgenen Dimension der Wirklichkeit aufzunehmen, um von dorther Beistand, Information und Führung zu empfangen und mit Hilfe dieser Wesen Einfluss auf den Lauf der Dinge zu nehmen. Dabei kam vor allem den Ritualen die Aufgabe zu, die Trennung dieser Welten zumindest vorübergehend aufzulockern (s. Abb. 3). Jedes bewusst und aufrichtig vollzogene Ritual eröffnet einen Kanal, durch den die geistige Welt in die materielle Welt einströmen kann, um dort ihre Kräfte zur Wirkung zu bringen. Die spirituellen Traditionen der Welt sind alle der Überzeugung, dass es Wesen gibt, die den tiefen Wunsch haben, uns in unserem Leben zu helfen, die aber nicht tätig werden können, wenn sie nicht von uns darum gebeten werden. Ein Ritual ist daher eine Einladung an die geistige Welt. Der westafrikanische Schamane und Wissenschaftler Dr. Malidoma Patrice Somé meint dazu: »Mit Ritualen verrichten wir keine Wunder. Wir sprechen damit nur eine Sprache, die von der übernatürlichen Welt als Ruf interpretiert wird, stabilisierend in ein Leben einzugreifen. … Wir ergreifen die Initiative in einem Prozess, wissen aber, dass der Erfolg nicht bei uns liegt, sondern in den Kräften, die wir in unser Leben hineinrufen. Das Kraftfeld, das wir in einem Ritual aufbauen, stammt also von den Geistern, nicht von uns.«[5] Eine solche Auffassung von Ritualen mutet

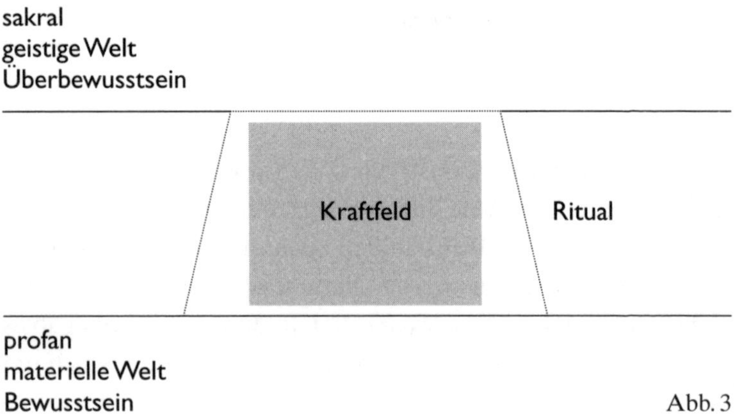

Abb. 3

uns zum einen zu, unsere Grenzen wahrzunehmen und uns selbst einzugestehen, dass wir oft nicht wissen, was uns zum Besten dient und wie wir die notwendigen Entscheidungen und Prozesse so gestalten können, dass sie uns und anderen zum Wohl gereichen. Zum anderen verlangt sie von uns, die Existenz von Wesen einer nichtmenschlichen Seinsweise anzunehmen. Ich denke, dass nicht einmal die Mehrheit derjenigen, die als geweihte und ordinierte Amtsinhaber unserer abendländischen Kirchen Rituale vollziehen, noch daran glaubt und sich dessen bewusst ist, dass sie damit in einer hoch wirksamen Weise höher entwickelte Kräfte in unser menschliches Leben ruft. Sie würden darüber auch kaum einen Konsens mit denjenigen erreichen, die beispielsweise eine Hochzeit oder eine Taufe »bestellen«, es sei denn, die beinahe schon profane Auffassung, dass damit Gott um seinen Segen gebeten wird. Schließlich mutet uns eine solche Ansicht von Ritualen auch noch zu, uns auf ergebnisoffene Prozesse einzulassen, denn wir holen Kräfte in unser Leben, denen wir einen größeren Durchblick zutrauen und denen wir deshalb mit dem Ritual einen Raum einräumen, in dem sie wirken sollen. »Möge alles so werden, wie es dem Wohle aller dient und deinem göttlichen Plan für diese (unsere) Seelen entspricht«, ist deshalb mein feststehendes Gebet in der Eröffnung von Ritualen. »Was auch immer in einem rituellen Raum geschehen mag: Immer wird eine Art Macht freigesetzt, falls man ihr ausreichend Spielraum gibt. Nur so können die Teilnehmer an dem Ritual weiterhin Nutzen aus der unsichtbaren Macht ziehen. Die im Ritual ausgelösten Kräfte funktionieren wie ein Kraftwerk, an das jeder Einzelne angeschlossen ist. Und wenn er den rituellen Raum wieder verlässt, geht die Macht des Rituals mit ihm, wohin er sich auch wendet.« [6]

Rituale sind ein Ruf an die geistige Welt,

denn mit jedem Ritual laden wir sie in unser Leben ein, um ihr Dank abzustatten oder um sie um Hilfe zu bitten.

Rituale eröffnen ein Feld,

aus dem nicht nur im Sinne der morphischen Felder Sheldrakes gesammeltes Wissen und energetisches Potenzial der Menschheit abrufbar ist, sondern durch das das Wohlwollen und die Erfahrungen der geistigen Welt und ihre Energien zur Entfaltung kommen.

Rituale agieren in der Welt des Wesentlichen

und nehmen auf dieser Ebene vorweg, was sich in der Welt des Erscheinenden noch entsprechend auswirken soll. »Alles Übrige ist nur noch die Übersetzung eines Symbols in unsere Wirklichkeit.«[7] Wie ein Prinzip in Form eines Gedankens und einer Absicht allmählich Gestalt gewinnt und schließlich in einer entsprechenden Handlung materialisiert wird, so wird durch ein Ritual das Prinzipielle in der Welt des Wesentlichen ausgetragen und initiiert, sodass eine Wirkung bis in die sichtbare materielle Welt erfolgen kann. So beginnt in den archaischen Kulturen die Aussaat damit, dass ein paar Samen der Pflanze, die man säen will, geopfert werden. Erst geschieht die Aussaat auf der göttlichen Ebene, bevor sie sichtbar stattfindet. In einem Heilungsritual wird der unsichtbare Teil einer Störung behandelt, damit auch der sichtbare davon profitiert. Nur den sichtbaren Teil zu behandeln wäre, als würde man vom Unkraut nur die Blätter wegschneiden (Somé). Jedes Ritual ist daher von Seiten der es Vollziehenden eine Öffnung für die geistige Welt und von Seiten der geistigen Welt eine Saat, die ihrerseits in unser Leben gegeben wird, damit das Wesentliche in Erscheinung treten kann. So ist jede Hochzeit immer noch eine Einweihung in das Mysterium der Alleinswerdung, sodass sich dieses Prinzip in der Welt des Erscheinenden als Integration der eigenen Polaritäten und als fruchtbare Gemeinschaft von Mann und Frau auswirken kann.

Die Anatomie von Ritualen

Die entscheidende Funktion eines Rituals spielt sich in psychologischer, sozialer und spiritueller Hinsicht auf der unsichtbaren Ebene der energetischen Prozesse ab. Dennoch hat jedes Ritual auch einen sichtbaren Teil, der diese Prozesse vermittelt und den wir als Anatomie, Struktur oder Zeremonie bezeichnen können.

Der Zeitpunkt

Archetypische Symbole sind wie Schlüssel, die, im entsprechenden Schloss angewandt, einen Raum voller Möglichkeiten eröffnen können. In das falsche Schloss gesteckt, können sie jedoch nichts ausrichten. So gehört auch jedes Ritual zu einer ihm entsprechenden Schwellensituation. Zu einem anderen Zeitpunkt angewandt, ist es ohne Sinn, denn Bezüge kann es nur dann vorwegnehmend und brennpunktartig verändern, wenn der Bezugswechsel ansteht. So ist es sicherlich einleuchtend, dass es keinen Sinn macht, ein Trauerritual schon einmal prophylaktisch durchzuführen, ohne dass ein geliebter Mensch verstorben oder ein bedeutsamer Verlust eingetreten ist. Denn dann hat das Ritual keinen »Sitz im Leben«, keinen Bezug zu einer Erfahrung, die es jetzt, zum Zeitpunkt dieser Erfahrung, begleiten und deuten könnte. Allerdings kann es Sinn machen, ein Trauerritual noch Jahre nach dem Eintreten eines Verlustes durchzuführen, falls der Trauernde dann den Wunsch hat, endgültig loszulassen und mit dem Geschehenen einverstanden zu werden, also seinen Bezug zu ändern. Genauso macht es wenig Sinn, ein Hochzeitsritual Jahre nach dem Zusammenzug eines Paares zu feiern, denn seine archetypische Symbolik ist nicht auf die Bestätigung und Festigung einer bestehenden Beziehung abgestimmt, sondern auf den Übergang vom Einzeldasein zur Lebensgemeinschaft und auf die Initiierung der anstehenden Vereinigung der Gegensätze.

Eröffnung und Abschluss

Die alten Übergangsrituale waren in einem Dreierschritt aufgebaut, dem die Lösung aus dem Vertrauten, die eigentliche Einweihung und die Wiedereingliederung entsprachen. Auch die zeremonielle Struktur eines Rituals ist dreigliedrig, denn es muss einen Raum eröffnen, in dem die rituelle Erfahrung stattfinden kann, und diesen Raum auch wieder schließen (s. Abb. 4). Das gilt gleich in mehrfacher Hinsicht: Zum einen müssen die Teilnehmenden eines Rituals von der Außenorientierung zur Wahrnehmung der eigenen Innenwelt, von der Zerstreuung in die Sammlung und von der Beschäftigung mit Vergangenheit oder Zukunft in das Hier und Jetzt geführt werden. Sie müssen – zumindest ein Stück weit – die Kontrolle aufgeben, damit Prozesse möglich werden. Und sie müssen das Bewusstsein über den Bereich der rationalen Wahrnehmung hinaus erweitern. Wer je Erfahrungen mit Meditation gemacht hat, weiß, wie viel Zeit es oft braucht, bis jemand bei sich ankommt und für tiefer gehende Erfahrungen »aufgeschlossen« ist. Ehe das möglich wird, ist in den meisten Fällen der Gottesdienst aber schon wieder zu Ende. Ich glaube fast, dass dem eine stillschweigende, wenn auch nicht bewusste Übereinkunft zwischen Priester und Gemeinde zu Grunde liegt, die verhindern soll, dass etwas Unkontrollierbares passiert, dass z. B. jemand außer sich gerät und durch Erfahrungen in eine Entwicklung gedrängt wird. Aber es geht nicht nur darum, die Teilnehmenden vom Randläufigen zum Zentralen und von der Oberfläche in die Tiefe zu bringen, sondern zum anderen auch darum, den

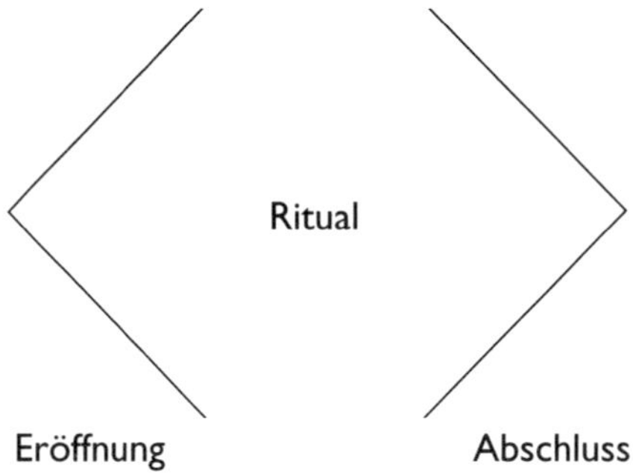

Abb. 4

heiligen Raum dadurch zu eröffnen, dass die geistige Welt und ihre Wesen zur Mitwirkung eingeladen werden.

Genauso muss ein Ritual auch wieder sorgfältig geschlossen werden, indem der geistigen Welt Dank gesagt wird und ihre Wesen verabschiedet werden. Man zieht sich doch auch sonst nicht einfach so von eingeladenen Gästen zurück und überlässt sie dann sich selbst, sondern verabschiedet sie mit Dank für ihr Kommen und das, was in der Begegnung mit ihnen möglich wurde. Aber auch die Teilnehmenden müssen auf die Rückkehr in die Alltagswelt eingestimmt werden. Wer in Erfahrungen eingetaucht ist, braucht auch Zeit, um wieder aufzutauchen. Wer sich nach innen gekehrt hat, muss sich wieder der Außenwelt zuwenden. Die großen alten Rituale haben deshalb die Wiedereingliederung mit vielen Symbolen und Handlungen unterstützt.

Präsentative Symbole

In jedem Ritual werden Handlungen, Gegenstände und Mittel verwendet, die nicht in einem unmittelbaren Sinn zweckbestimmt sind, sondern zu Trägern von Bedeutung werden. Ihr Sinn liegt nicht mehr in ihrem Gebrauchswert, sondern in ihrem Erlebniswert, d.h. in dem, was sie an Emotionen ansprechen und binden können. Zu diesen so genannten präsentativen Symbolen zählen Bewegungen, Orte, Kleidung, Gegenstände und Musik.

Bewegung und Gesten

Bewegungen wie Schreiten, Kniebeugen, Verneigungen, Haltungen wie Stehen, Knien und Gesten wie die erhobenen oder die gefalteten Hände sind grundlegende Bestandteile von Ritualen, wahrscheinlich sogar die ältesten. Denn dahinter stecken Entwicklungen, die wir noch aus unserem tierischen Verhaltenserbe genetisch übernommen haben, sowie die kulturelle Entwicklung der Pantomime. In Tierpopulationen werden bestimmte Bewegungsabläufe als Signal benutzt, um z.B. die Gruppe zusammenzuhalten, sie zur Wachsamkeit aufzufordern, den Angriff oder den Rückzug einzuleiten oder die Fürsorge für die Jungtiere zu garantieren. Im Ritual werden derartige Signale durch Symbole und verkürzte Symbolhandlungen ersetzt. Anstatt die Federn zu spreizen und den Kamm anschwellen zu lassen, wird jetzt ein Umhang (Chormantel) und Kopfputz (Adlerfedern, Krone, Mitra) getragen. Und aus der den Zusammenhalt fördernden und damit Geborgenheit vermittelnden Entlausung wird die Handauflegung.[8] Allerdings erhalten die ritualisierten Bewegungen im Ritual eine neue Funktion: Sie sind jetzt nicht mehr Reaktionen auf Alltagsszenarien und Ausdruck der emotionalen Reaktion auf diese, sondern Ausdruck archetypischer Szenarien, die entsprechende Emotionen auslösen und binden sollen. Die Kontraktion der Extremitäten ist dann nicht mehr Vorbereitung des Sprungs auf den nächsten Baum, weil ein Leopard angreifen will, sondern als Kniebeuge und Orantenhaltung eine Halt suchende und Halt versprechende Geste angesichts des Geworfenseins menschlicher Existenz.

Im Tanz und in der Pantomime begegnen wir in besonderer Weise der Bewegung als Gebärdensprache, die in der Lage ist, ohne Worte Geschichten zu erzählen und Emotionen zu vermitteln. Mit Hilfe pantomimischer Tänze haben in den archaischen Kulturen die heimkehrenden Jäger und Sammler dem Reststamm ihre Erlebnisse dargestellt und sie damit im Bewusstsein aller emotional verankert. Die Erfahrungen Einiger wurden so zur Erfahrung des ganzen Stammes und dienten auf diese Weise dem sozialen Zusammenhalt.

Körperorientierte psychotherapeutische Verfahren wie die Bioenergetik von Alexander Lowen haben uns neu den Körper als Medium von Erfahrungen bewusst gemacht. Lebensgeschichtliche Erfahrungen formen unseren Körper, so wie Stimmungen sich in bestimmten Haltungen äußern. Wer sich traurig und niedergeschlagen fühlt, bewegt sich anders als jemand, der gerade eine erfreuliche Nachricht erhalten hat. Wer sich kompetent und wertvoll fühlt, hat eine andere Körperhaltung als jemand, der sich unterlegen und wertlos vorkommt. So lassen sich aber auch umgekehrt über Bewegung und Körperhaltung Stimmungen beeinflussen – eine deutliche Wechselwirkung zwischen innen (Psyche) und außen (Körper). In der Bioenergetik gibt es Übungen, in denen man bestimmte Bewegungen in extremer Zeitlupe ausführt, z.B. 30 Minuten Zeit hat, die Arme in die Orantenhaltung zu erheben, und weitere 30 Minuten, um sie wieder abzusenken. Dadurch können starke Vibrationen entstehen, die sich bis in den Brust- und Bauchraum ausbreiten und auch lang unterdrückte und vergessene Gefühle wieder hervorholen. Während im Priesterseminar über die Ästhetik der Spannbreite diskutiert wird, lässt sich durch ein solches Erleben verstehen, was diese Geste ausdrückt und vermitteln kann. Bewegung als präsentatives Symbol dient darum im Ritual nicht irgendwelchen Zwecken, sondern dem Erlebniswert. Dafür muss sie aber gekonnt sein. Zweckmäßig wäre es beispielsweise, das Evangelienbuch gleich an den Platz zu legen, an dem aus ihm vorgelesen wird. Es durch Messdiener in Begleitung von Kerzenträgern holen und an den Ambo bringen zu lassen ist dagegen unökonomisch, macht aber das Hereintragen zu einem präsentativen Symbol, das den Wert der in diesem Buch enthaltenen Worte vermittelt und die Aufnahme des Wortes vorbereitet. In Eile und im »wiegenden Schollenschritt« von Turnschuhtragenden vollzogen, wird diese Bewegung funktionalisiert und ihres Erlebniswertes beraubt. Genauso kommt es nicht darauf an, dass der Pfarrer den Altar mit dem Weihrauchfass in Bestzeit umrundet, sondern dass er in dieser Bewegung eine innere Bewegung ausdrückt und spüren lässt, die auch von den Zuschauenden dann als innere Bewegung mitvollzogen werden kann: die Zentrierung! Würden Schauspieler sich auf der Bühne so alltagsmäßig und unbeholfen bewegen wie unsere Liturgen, könnte es nie zu bewegenden (!) Aufführungen kommen, die einen in Bann ziehen. Ein gutes Ritual, eine gute Liturgie ist wie eine gute Aufführung, bei der alle Mitwirkenden die Dramaturgie verstanden haben und ihre jeweilige Rolle mit Leib und Seele ausführen.

In diesem Zusammenhang möchte ich neu für den Stand der Lektoren plädieren. Es ist in vielen Gemeinden und Gottesdiensten üblich geworden, das Vorlesen von biblischen Texten und Gebeten im »Volk« zu verteilen, um sozusagen »flache Hierarchien« zu schaffen und eine aktive Mitwirkung aller ohne Ansehen von Rang und Namen zu ermöglichen. Die Idee ist gut, das Mittel aber schlecht. Denn es macht schon sehr viel aus, ob jemand in der Lage ist, Haupt- und Nebensätze in der Stimmmelodie so zu führen, dass die Gesamtaussage eines Satzes verständlich wird. Noch besser ist es, wenn die Vortragenden das, was sie vorlesen, auch selber verstanden haben. Am durchschlagendsten ist es jedoch, wenn sie die im Text beschriebenen spirituellen Erfahrungen auch selbst durchlebt haben. Denn dann wird das vorgetragene Wort treffen.

Kleidung

Wie kaum etwas anderes ist die Kleidung seit den Anfängen ihrer Entwicklung von der reinen Funktion weg zu einem Bedeutungsträger geworden, der kulturelle und soziale Zugehörigkeiten, Rollen und Ämter zum Ausdruck bringt und in der Kombination von Material, Wert, Ästhetik und Funktion Erlebniswerte für ihre Träger und die sie Anschauenden bereithält. Über Kleidung kann man sich selbst inszenieren, zeigen, ob man sich mag und »was auf sich hält« oder sich vernachlässigt, sich Bedeutung gibt bis zum exzentrischen Auffallen oder sich einfach unbedeutend macht und in der »Einheitskluft« der Gruppe verschwindet. Über Kleidung kann man Stimmungen ausdrücken und auch Stimmungen fördern (so gibt es deutliche Hinweise darauf, dass Farben die Befindlichkeit ihrer Träger beeinflussen). Der Kleiderwechsel ist daher ein archaisches Symbol für Bezugswechsel. Neu Initiierte erhielten neue Kleidung, die Neugetauften z. B. ein weißes Kleid, das sie eine Woche lang trugen und am Sonntag nach dem Osterfest (dem ursprünglichen Tauftermin) wieder abgaben, weshalb er bis heute noch »Weißer Sonntag« heißt. »... da ihr ausgezogen habt den alten Menschen samt seinen Machenschaften und angezogen den neuen – den, der erneuert wird nach dem Bild seines Schöpfers, um ihn zu erkennen« (Kolosser 3,9 f.). Über den Wechsel der Kleidung schaffen wir auch heute noch den Wechsel von Bezügen, z. B. durch das Anziehen von Freizeitkleidung oder das Anlegen festlicher Kleidung. So soll auch im Rahmen eines Rituals die Kleidung die Abgrenzung von der profanen Alltagswelt und den Eintritt in eine besondere Zeitqualität unterstützen.

Gegenstände

Völkerkundemuseen und Domschatzkammern sind voll von Gegenständen, die ausschließlich zu rituellen Zwecken gebraucht wurden. Kunstvoll ausgestaltet, waren sie von vorneherein nicht von einem funktionalen Gebrauchswert bestimmt, sondern als Träger von Bedeutung gedacht. Das gilt auch für alle Formen der Kunst, denn Bilder, Skulpturen und andere Kunstwerke haben gar keinen anderen Sinn als den, Träger von Bedeutung zu sein. Doch können im Ritual auch Alltagsgegenstände verwandt werden. In einer therapeutischen Inszenierung kann beispielsweise ein normales Kissen, in einer bestimmten Weise arrangiert, zur wirksamen Repräsentanz einer Person oder einer Situation werden. In einem spirituellen Ritual dient ein Becher nicht mehr einer zivilisierten Möglichkeit, den Durst zu löschen, sondern er wird zum Gefäß für den heiligen Trunk, der alle, die daraus trinken, zu einer Gemeinschaft verbindet. Blumen, Kerzen, Kunstgegenstände, Bilder, alles, was in der Lage ist, Bedeutung zu gewinnen und Erlebnisse zu vermitteln, kann im Ritual zur Schaffung der erforderlichen Atmosphäre und als Mittel einer rituellen Handlung benutzt werden.

Eine Methode, Gegenstände aus dem profanen Bereich auszugliedern und ausschließlich für rituelle Belange zu verwenden, war deren Segnung bzw. Weihe. Aber schon ein bewusstes Aufstellen und Herrichten für das Ritual erfüllt den gleichen Sinn. Werden diese Gegenstände hinterher wieder für profane Zwecke gebraucht, sollten sie ebenso bewusst wieder »entrollt«, d.h. aus ihrer Rolle als Bedeutungsträger »entlassen« werden. Beide Vorgänge können durch rituelles Handeln unterstützt werden, beispielsweise durch ein segnendes Kreuzzeichen oder Handauflegen, bzw. durch ein Schütteln oder Abwischen.

Musik

Die Musik in einem Ritual ist mehr als ein schmückendes Beiwerk, mehr als die Umrahmung eines akademischen Festvortrages, sie ist ein integraler Bestandteil des Rituals selbst. In den alten Kulturen gehörte die Musik wie die Mathematik zu den religiösen Betätigungen, denn in beiden Disziplinen geht es um Verhältnisse, Beziehungen und Ordnungen, um Harmonie, und beides wurde darum als Beschäftigung mit der kosmischen Ordnung und Harmonie verstanden, die im Mikrokosmos des menschlichen Lebens nachgelebt werden sollte. Heute offenbart uns die Physik, dass alles Schwingung ist und daher alles seinen Klang hat, auch wenn unser Ohr vieles davon nicht wahrnimmt. Dennoch haben die Alten das Ohr das »Tor zur Seele« genannt. Wer einmal bewusst und achtsam Töne summt, spürt, wie die verschiedenen Töne in unterschiedlichen Bereichen des Körpers resonieren und dort eine öffnende, belebende Wirkung haben. Besonders berührt uns Musik, die im Bauch resoniert wie z.B. die gesungene heilige Silbe »OM«. Ihre westliche Entsprechung »Amen« dagegen resoniert sehr viel weiter oben im Kopf-, Kehl- und Brustraum. »Wenn Sie das OM richtig sagen, den Sound aus dem Kopf durch den Brustraum in den Bauch hinunterführend, dann gerät der ganze Körper ins Schwingen; zumal das M, wenn es kraftvoll gesprochen wird, kann den Körper noch lange nachschwingen lassen. Ja, er schwingt auch dann noch weiter, wenn das Mantra – von neuem mit dem O beginnend – ein weiteres Mal im Kopfraum gleichsam ›eingefädelt‹ und erneut nach unten geführt wird; und inzwischen schwingen nicht nur Brust, Magen und Bauch, es vibrieren auch Kopf und – beim Geübten – sogar Arme und Beine. Mit dieser Technik, OM zu sagen und zu singen, ist die mehrstimmige Gesangsweise der tibetischen Mönche verwandt.«[9] Im Bauchraum resonieren auch orthodoxe Gesänge, die sich heute im Westen großer Beliebtheit erfreuen. Da Musik nicht gleich Musik ist, haben die Kulturen speziell spirituelle Musik wie die Gregorianik und speziell spirituelle Instrumente wie die Glocke, die indische Sitar und die abendländische Orgel entwickelt. Spirituelle Musik ist obertonreiche Musik. »Wenn eine Saite schwingt – das Urbild aller Klangerzeugung, dem auch unsere menschlichen Stimmbänder entsprechen –, dann schwingt ja nicht nur die ganze Saite, also der Grundton, es schwingt zwangsläufig auch die halbe Saite mit, das heißt die nächst höhere Oktave, und es schwingen zwei Drittel der Saite, die Quinte, und drei Viertel, die Quarte, und drei Fünftel, die große Sexte, und vier Fünftel, die große Terz, und fünf Sechstel, die kleine Terz, und so fort, das heißt: es erklingt die ganze Tonleiter, nur eben als Obertonreihe ... In jedem Ton sind alle enthalten.«[10]

Der Raum

Ursprünglich zum Schutz vor Witterungseinflüssen entwickelt, wurde wie die Kleidung auch der umbaute Raum von Anfang an über seinen Gebrauchswert hinaus zu einem Träger von Bedeutung, z.B. zu einem Ort der Geborgenheit. Räume wirken, sie haben Atmosphäre, sie ermöglichen oder verhindern etwas, in ihnen kann man sich wohl oder unwohl fühlen. Das liegt unter anderem an dem Ort, an dem sie errichtet wurden. Die Geomantie weiß um die energetische Qualität von Orten. Bevorzugte Kultplätze wie Wasserfälle, Berge und dicht bewaldete Stellen zeichnen sich durch hohe Konzentrationen an negativen Ionen aus, die in der Medizin als wohltuend gelten. Manche Forscher sehen einen starken Zusammenhang zwischen höheren Bewusstseinszuständen, wie sie etwa durch Meditation erreicht werden, und negativen Ionen. Die Gebiete mit der höchsten Konzentration an prähistorischen Kultstätten in

England und Frankreich sowie die Plätze der tibetischen Klöster weisen eine erhöhte natürliche Radioaktivität auf. In der Nähe von Steinkreisen neigen Menschen zur Produktion von Theta- und Delta-Gehirnwellen, die denen der Traumphase entsprechen. Manche Gesteinsarten erzeugen elektromagnetische Felder, auf die z. B. die Zirbeldrüse mit vermehrter Hormonproduktion reagiert, von denen einige wie psychedelische Substanzen wirken. Kirchen stehen häufig an Kreuzungspunkten des so genannten »Globalgitternetzes«, Zonen, die einen Rutenausschlag provozieren und auf die auch Tiere reagieren. Pyramidenbauten in Ägypten weisen Maßverhältnisse auf, die astronomischen Beobachtungen entsprechen, die gleichen Maßverhältnisse finden sich auch in der gotischen Kathedrale von Chartres. Viele Kultplätze orientieren sich an einem bestimmten Sonnenstand und Lichteinfall. Es scheint demnach – wissenschaftlich untermauert – Kraftplätze zu geben, an denen Energien wirksam werden, die Introversion, Bewusstseinserweiterung und die Verbindung der Welten unterstützen.

Räume können uns auch durch ihre Struktur, Gestaltung und Ausstattung »Arbeit« abnehmen und Einfluss auf unser Befinden nehmen, alte, unüberarbeitete romanische Kirchen z. B. Schon von weitem erinnert ihr kleines Portal inmitten einer auf es hinführenden Säulenreihung an die Vulva und vermittelt bereits so, dass wir auf dem Weg sind, den Schoß zur Wiedergeburt, zur initiatischen Erfahrung zu betreten. Um in eine solche Kirche zu gelangen, müssen wir über eine Schwelle steigen, bewacht von steinernen Figuren, die unseren Vorfahren noch Angst machten, und vollziehen so den Übergang von der profanen in die sakrale Welt, von der Extraversion in die Introversion, ein Wechsel, an dessen Schwelle auch moderne Menschen Unbehagen bis Angst empfinden. Der Raum selbst ist zunächst dunkel, bis unsere Augen sich daran gewöhnt haben und ihn zu entdecken beginnen. Genauso erlebt ein Meditierender zunächst nichts, bis sich dann allmählich Erfahrungen einstellen. Der Raum einer romanischen Kirche hat einen deutlichen Zug nach vorne, eine Dynamik, in die man mit hineingenommen wird. Vorne erhebt sich der Altar auf Stufen, der Weltenberg, das Weltzentrum, auf dem wiederum die axis mundi, die Weltenachse, (in Form des hohen Kreuzes) Himmel und Erde verbindet. So wird in der Dynamik des äußeren Raumes der innere Prozess als diesen anregend abgebildet: die langsame Annäherung an das Zentrum in uns, wo wir die Verbindung mit der geistigen Welt erfahren und im Drama der Wandlung (der Eucharistie) transformiert werden können.

Auch die Ikonostase der orthodoxen Kirchen macht diesen Prozess, etwas anders akzentuiert, deutlich. Zu Beginn des Gottesdienstes ist sie geschlossen, trennt die Anwesenden vom »Allerheiligsten«. Im Lauf der Liturgie mit ihrem Spiel von Kerzen anzünden und löschen geht mal jemand hinein, mal kommt jemand heraus (mit Weihrauch, mit Lichtern, mit der Heiligen Schrift), werden Flügel geöffnet und geschlossen, bis im Höhepunkt der Liturgie alle Türen geöffnet sind und Einblick gewähren, ehe sie wieder geschlossen werden: die allmähliche Öffnung für die Innenwelt bis zur Vision und die allmähliche Wiederverbindung mit dem Alltag.

Manche Rituale müssen in der freien Natur durchgeführt werden, weil Elemente der Natur als präsentative Symbole benötigt werden (wenn man z.B. etwas der Erde oder einem Fluss übergeben will). Andere Rituale müssen im umbauten Raum stattfinden, weil der zur Konzentration verhilft (das weiß jeder Lehrer, dessen Klasse im Sommer unbedingt mal Unterricht im Freien machen wollte). Wie profane Gegenstände können auch profane Räume für Rituale genutzt werden, indem sie entsprechend hergerichtet und ausgerichtet werden, also es ermöglichen, sich der eigenen Innenwelt zuzuwenden. »Geister sind allergisch auf alles Profane. Und innerhalb eines rituellen Raumes droht alles Nichtheilige die heiligen Vorgänge zu entweihen. So etwas macht die Geister ›verrückt‹ …«, meint Malidoma Patrice Somé.[11] Zumindest sollten wir uns dessen bewusst sein, wie sehr innen und außen aufeinander einwirken und dadurch Prozesse ermöglichen oder verhindern, erleichtern oder erschweren.

Gute und bewegende Rituale sind jedenfalls integrale Präsentationen, in denen Zeit, Ort, Raum, Gegenstände, Bewegung, Gestik und Musik mit archetypischen Szenarien zusammenwirken und intensive Erfahrungen ermöglichen.

Große Rituale

Die Taufe

Im Brennpunkt alter Mysterienkulte standen »Gottheiten mit Geschichte«, die nicht von Leid und Tod unberührt waren, sondern selber Erfahrungen mit dem Werden und Vergehen, aber auch mit dem Wiedererstehen gemacht hatten. »Der Myste, der Eingeweihte, erlebt bei seiner Initiation die heilige Geschichte seines Gottes mit; er durchlebt sie in Schwellen- und Grenzsituationen, in denen er sich öffnet für die Erfahrung eines sein Menschenleben übergreifenden Zusammenhangs, in dem er als ein ›neuer Mensch‹ leben wird.«[12] Durch die Einweihung erhielt er Teil am Schicksal dieser Gottheit und damit die Gewissheit, einst auch an ihrem Sieg über die Todeskräfte teilzuhaben. »Wisst ihr nicht, dass alle, die wir in den Christus Jesus hineingetauft wurden, in seinen Tod hineingetauft sind? Begraben wurden wir also mit ihm durch die Taufe in den Tod, damit – wie der Christus von den Toten auferweckt ward durch die Herrlichkeit des Vaters – auch wir in der Neuheit des Lebens den Weg gehen. Denn: Sind wir schon eingepflanzt worden in das Gleichbild seines Todes, so werden wir es auch in das seiner Auferstehung sein«, klärt Paulus die jüdische Gemeinde in Rom auf (Römer 6,3–5). So gehörte das Tauchbad zu den zentralen Riten antiker Mysterienkulte, und wer in mehrere eingeweiht war, war ein »mit allen Wassern Gewaschener«. Das Tauchbad ist vom Archetyp der Nachtmeerfahrt geprägt. In entsprechenden Mythen wird der Held im Westen von einem Wasserungeheuer verschlungen oder er dringt aktiv in es ein. Das Tier schwimmt mit ihm nach Osten. Unterwegs zündet der Held in dessen Bauch ein Feuer an und schneidet ihm ein Stück vom Herz ab. Strandet das Ungeheuer schließlich im Osten, schlüpft der Held hinaus und befreit auch eventuell sonst noch

Verschlungene. Im Bauch war es so heiß, dass dem Helden alle Haare ausgefallen sind. In solchen Geschichten finden wir die Grundzüge aller Einweihungsabenteuer: das Hinabsteigen in die Höhle oder den Bauch, den Schoß der Neugeburt, um Weisheit zu lernen (das Licht in der Finsternis) und die schwer erreichbare Kostbarkeit zu gewinnen (eine Perle oder das Herz des Tieres als Symbol des Selbst, der Ganzheit und der Unsterblichkeit), die Bewegung von West (untergehende Sonne, Tod) nach Ost (aufgehende Sonne, Leben), die Ambivalenz des Wassers als verschlingenden und gebärenden Mutterschoßes (das Unbewusste), die Haarlosigkeit als Zeichen der Anstrengung (»er hat Haare lassen müssen«) und der Neugeburt. Das Wasser spielt zudem in vielen Mythen eine Rolle als Grenzgewässer, das den künftig zu erreichenden Stand vom bisher vertrauten Lebens- und Erfahrungsraum trennt. So muss die Seele nach dem Tod vom Fährmann übergesetzt werden, Israel muss auf seinem Weg in die Freiheit die Barriere des Roten Meeres überwinden und Hänsel und Gretel überqueren mit Hilfe von Enten einen See, ehe sie in eine glückliche Zukunft heimkehren können. Daher geht es in der zentralen Zeichenhandlung des Tauchbades nicht nur um Reinigung von den prägenden Einflüssen der Vergangenheit, nicht nur um das Eintauchen in erneuernde Erfahrungen, dem auch das Eintauchen in un- und überbewusste Wahrnehmungen entspricht, sondern um eine so grundlegende Wandlung, dass sie einem Sterben und Neuwerden gleicht. Ihr Sitz im Leben, ihr Anknüpfungspunkt, den sie begleiten, deuten und als Entwicklung fördern kann, ist demnach ein grundlegender Wandel in der persönlichen Lebensorientierung, wie ihn der Beitritt zu einer spirituellen Schule, die tief greifende Veränderung des Selbst- und Weltverständnisses und die Neuausrichtung der Lebensführung darstellen. Selbstredend, dass in den ersten Jahrhunderten der Jesusbewegung nur Erwachsene getauft wurden, weil nur sie einen solchen

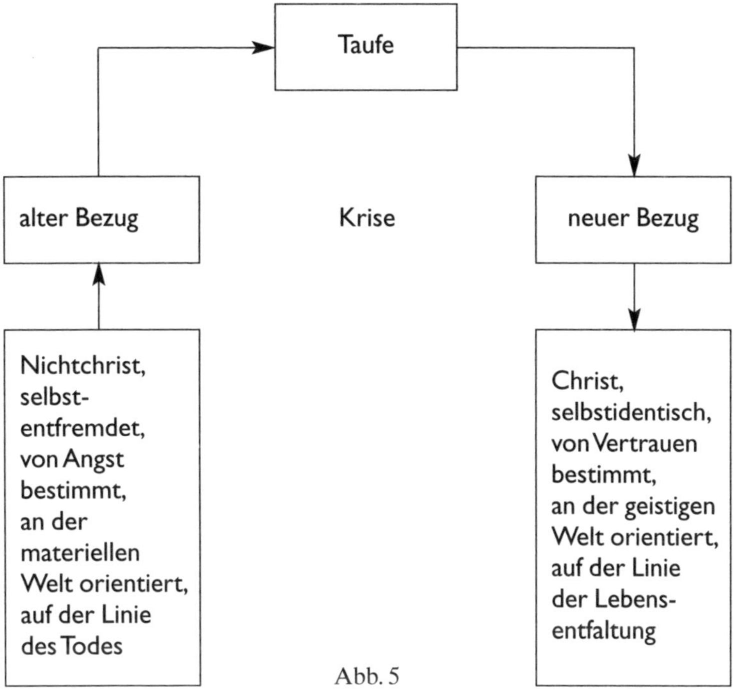

Abb. 5

Wandel vollziehen und sich für den spirituellen Pfad der Jesusbewegung bzw. für die Mitgliedschaft in der sich allmählich konstituierenden Kirche entscheiden konnten. Nur für Erwachsene stimmte der Dreischritt der Loslösung aus dem Bisherigen, der Einweihung und der Eingliederung in die neue Weggemeinschaft, der auch in den Riten und Symbolen der Taufe zum Ausdruck kommt.

Das Katechumenat

Dem eigentlichen Ritual wurde – wie in den alten Übergangsritualen – eine längere Zeit der Vorbereitung (bis zu drei Jahren) mit verschiedenen Teilriten vorangestellt. Sie begann mit der Einschreibung als Taufbewerber. Zugelassen wurden nur solche, die in lauterer Absicht kamen und in geordneten Verhältnissen lebten. Wie heutzutage noch bei der Aufnahme in die Rotarier oder den Golfclub, vermittelten Paten den Kontakt zur Gemeinschaft und bürgten für die Redlichkeit der Bewerber. Bereits mit der Bewerbung mussten die Kandidaten eine erste Absage an »die Mächte der Finsternis« richten. Als zur Vorbereitung Zugelassene wurden ihre Namen in das Buch der »electi« (= Erwählte; im Osten »photizomenoi« = zu Erleuchtende) eingetragen, sie durften nun die Evangelien hören und wurden in die Lehren, spirituellen Disziplinen und Erfahrungen der Jesusbewegung[13] eingeführt.

Die Fastenzeit

Wer dann wirklich getauft werden wollte, musste sich bis zum ersten Fastensonntag, dem Beginn der Vorbereitungszeit auf Ostern, entscheiden. Heute ist das Fasten im Frühjahr als Heilfasten zur Entschlackung wieder populär. Wer damit Erfahrungen gemacht hat, berichtet nicht nur von einem guten Körpergefühl, sondern auch von größerer geistiger Klarheit und mitunter auch von spirituellen Erfahrungen und erinnert damit an den althergebrachten Sinn einer solchen Zeit: die Reinigung auf allen Ebenen, die Konzentration auf das Wesentliche und die ganzheitliche Erneuerung. Am zweiten, dritten und vierten Fastensonntag erfolgten im Gemeindegottesdienst die Skrutinien, Befragungen der Bewerber auf ihr Wissen, ihre Erfahrungen und ihre lautere Absicht hin. An diesen Sonntagen wurde jeweils ein Abschnitt aus dem Johannesevangelium vorgetragen: das Gespräch Jesu mit der Samariterin am Jakobsbrunnen (eine Geschichte über den Wechsel vom Studium spiritueller Traditionen zur spirituellen Selbsterfahrung), die Heilung des Blindgeborenen (eine Geschichte über die Suche nach Erleuchtung) und die Erweckung des Lazarus (eine Geschichte über den mystischen Tod des Ich).[14] Diese Zeit der Vorbereitung war begleitet von Segnungen und Exorzismen. Exorzismen als Austreibung von Teufeln und Dämonen sind zu Recht in Verruf geraten. Aber spätestens seit den Erfahrungen der Psychotherapie wissen wir um die Macht von Kräften (Ängsten, Impulsen, Prägungen der Vergangenheit), die nicht so einfach unserer Verfügungsgewalt unterliegen, sondern uns im Griff haben. Die spirituellen Traditionen der Menschheit sind sich zudem darin einig, dass gerade die Hinwendung zum Licht Gegenkräfte mobilisiert, die von diesem Weg abbringen wollen. In der menschlichen Person vollzieht sich dann der Kampf der Welten, in der die Orientierung an der sichtbaren, greifbaren materiellen Welt mit der Orientierung an der unsichtbaren Welt des Wesentlichen ringt, die Kräfte der Beharrung mit den Kräften der Erneuerung, die Angst mit dem Vertrauen, das Ego mit dem Selbst und die prägenden Kräfte der Vergangenheit mit den umgestaltenden Kräften der Zukunft ringen. Handauflegungen, Segnungen, Bezeichnungen mit dem Kreuz und Anpusten schaffen einen Schutzraum gegen diese Geister. Am letzten Fastensonntag erfolgte die Übergabe (Anvertrauung) des Glaubensbekenntnisses und des Vaterunsers und die Verpflichtung zur Arkandisziplin, d.h. zur Geheimhaltung des erlangten Wissens hinsichtlich der Rituale, Formeln und heiligen Zeichen.

Dabei geht es nicht darum, dieses Wissen nur wenigen »Auserwählten« zugänglich zu machen – die Mysterienkulte standen allen Interessierten ungeachtet ihres Ranges und Standes, ihrer Abstammung und ihres Geschlechtes offen –, sondern um die Erfahrung, dass tief berührende Erfahrungen nicht in direkter sprachlicher Weise mitteilbar sind und dass Zeichen und Symbole, aus dem Erlebenszusammenhang gerissen, banal und lächerlich wirken. Das weiß jeder, der einmal an einem Selbsterfahrungsseminar teilgenommen hat.

Die Karwoche

Mit dem Palmsonntag beginnt im Grunde das große Ritual der Taufe, denn die gesamte Karwoche ist mit ihren Schrifttexten und Riten eine kunstvolle Komposition, die einem alten Einweihungsritus entspricht und Tag für Tag in ihren Bildern und Symbolen das Mysterium der menschlichen Existenz entfaltet. Besonders in der Version des Markusevangeliums ist jeder Teil der Passionsgeschichte auf die Tagesplaneten und deren prinzipielle Bedeutung abgestimmt. Darin ist ein siebentägiger Weg beschrieben (der Weg durch die Siebentagewelt der materiellen Schöpfung und Existenz), vom Aufleuchten des Ich-Bewusstseins (Sonnenprinzip) über verschiedene Lernaufgaben bis zum mystischen Ich-Tod (Karfreitag) und dem erleuchtenden Durchbruch des Selbst am achten Tag, der bereits zur neuen Welt gehört. Am Palmsonntag, dem Tag der Sonne (Prinzip des Bewussten und Aktiven), hören wir die Geschichte vom Einzug Jesu in das irdische Jerusalem, ein Bild unserer Geburt, die ebenfalls eine Inkarnation des Göttlichen darstellt und von der Gefahr begleitet ist, mit dem erwachenden Ich-Bewusstsein dem Zugriff der Welt und ihrer Orientierung zu erliegen. Am Montag, dem Tag des Mondes (Prinzip des Unbewussten und Empfangenden), wird von der Reinigung des Tempels erzählt, der notwendigen Aufgabe, unsere Wahrnehmung über die rationale hinaus zu erweitern und unsere intuitiven Kanäle zu reinigen. Am Dienstag, dem Tag des Mars (Prinzip des Gegensatzes und Streites), hören wir Jesus in heftigen Auseinandersetzungen mit Vertretern der geistlichen und weltlichen Macht: die Stimme der geistigen Welt im Kampf mit den Stimmen der materiellen Welt. Am Mittwoch, dem Tag des Merkur (Prinzip der Vermittlung zwischen den Welten), wird die Salbung Jesu in Betanien erzählt, die Geschichte einer Erkenntnis, die im Erscheinenden (Jesus von Nazaret) die Anwesenheit des

Göttlichen wahrzunehmen vermag. Am Donnerstag, dem Tag des Jupiter (Prinzip der neuen Ordnung, in der Wachstum und Fülle herrschen), wird der Befreiung aus ägyptischer Gefangenschaft (Leben in Entfremdung) gedacht und im Mahl die Fülle genossen, die sich aus der Communio, der Vereinigung, als organisches Wachstum ergibt. Am Freitag, dem Tag der Venus (Prinzip der Liebe und der Vereinigung der Gegensätze), hören wir, wie Jesus in liebevoller Hingabe in der Mitte des Kreuzes, wo alle Gegensätze aufgehoben sind, einen neuen Geist freisetzt. Am Samstag, dem Tag des Saturn (Prinzip der Begrenzung), herrscht äußerlich Grabesruhe. Am Ostersonntag (die wieder aufsteigende Sonne diesmal als Symbol der Erleuchtung) bricht mit dem Einzug Jesu in das himmlische Jerusalem für alle neues Leben an, eine neue Qualität des Seins, ein neuer Bewusstseinsstand.

Die Taufe in der Osternacht

Die Feier der Osternacht als Höhepunkt und Abschluss der Karwoche mit ihrer Dramatik von Sterben und Neuwerden ist natürlich der Kairos, der stimmige und angemessene Zeitpunkt für die Taufe. Die Feier dauerte die ganze Nacht und begann mit Lesungen aus Texten der spirituellen Tradition, Gebeten und Gesängen. Nach dem ersten Hahnenschrei, der Ankündigung des Sonnenaufgangs, begann die eigentliche Liturgie mit dem Anzünden des Osterfeuers – Licht in der Finsternis. Denn aus der Finsternis des Nichtwissens kommt die Erleuchtung. Die »Feuerprobe«, Riten mit Fackeln und offenem Feuer, gehörte ebenso zu den archaischen Initiationsriten wie die »Wasserprobe«, denn die Initianden mussten alle Elemente, d.h. die ihnen zugeordneten Prinzipien, beherrschen. Nach der Weihe des Taufwassers und der Öle begannen die zentralen Riten.

Bezeichnung mit dem Kreuz auf Stirn und Herz

Das gleichschenklige Kreuz ist ein uraltes Kraftsymbol. Einerseits drückt es mit seinem Streben in vier Richtungen die zerreißende Dynamik der Polarität aus, andererseits bietet es im Mittelpunkt die zu findende »Quintessenz« (das Wesen des fünften Punktes), in der alle Gegensätze aufgehoben sind. Rutengänger können bestätigen, dass ein gleichschenkliges Kreuz, an einem energetisch negativen Punkt gezeichnet, sofort zu einem positiven Ausschlag der Rute führt. Die Anwender des kinesiologischen Armtestes wiederum bestätigen, dass jeder Mensch mit Blick auf ein gleichschenkliges Kreuz stark (positiv) und mit Blick auf ein in die Länge gedehntes Kreuz schwach testet (negativ). Auch im Christentum wurde anfangs das alte Kraftsymbol verwandt, ehe das in die Länge gedehnte Kreuz zum Zeichen des Todes Jesu wurde. Das alte Kraftsymbol, auf die Stirn gezeichnet, öffnet und stärkt das »Dritte Auge«, das »Organ« intuitiver Seinserkenntnis, und, auf das Herzchakra gezeichnet, die Fähigkeit zu Hingabe und Liebe.

Effata-Ritus

Mit dem Ruf »effata – werde durch und durch geöffnet« werden Ohren, Mund und Herz des Initianden berührt, teils auch mit Speichel oder Öl bestrichen. Die dahinter stehende Erzählung aus dem Markusevangelium von der Heilung eines Taubstummen spricht von dem notwendigen Prozess, die Absicherung und Kontrolle gegenüber Eindrücken von innen und außen aufzugeben, um spirituelle Erfahrungen machen und sich authentisch ausdrücken zu können.

Absage und exorzistische Salbung

Westlich des Taufbeckens, nackt auf Tierfellen stehend, gen Westen blickend, sagt der Initiand nun seiner bisherigen Lebensorientierung ab. Denn in ihr hat er seine Bindung an Vergängliches, Vordergründiges, das Wesen Verdunkelndes und Leben Zerstörendes erkannt (Westen = Sonnenuntergang). Das Tierfell erinnert an die Kleidung der Stammeltern Adam und Eva. Mit ihm ist im Hebräischen ein Wortspiel verbunden, das Wesentliches ausdrückt. Denn das Wort, »or« gesprochen und zu Beginn mit dem Buchstaben Aleph, dem Zeichen der göttlichen Ureinheit, geschrieben, bedeutet »Licht«. Tauscht man das Aleph gegen den Buchstaben Ayin aus, wird das Wort immer noch »or« gesprochen, bedeutet jetzt aber »Fell«. In Verbindung mit dem Göttlichen sind wir Lichtwesen, verlieren wir diese Verbindung aus dem Bewusstsein, sehen wir nur noch die materielle Außenseite unserer Existenz. Im Thomasevangelium, einer außerbiblischen Schrift, fragen die Lernenden ihren Meister Jesus: »›An welchem Tag wirst du uns erscheinen? Wann werden wir dich sehen?‹ Jesus antwortete: ›Wenn ihr eure Scham nackt gemacht habt und eure Kleider nehmt und sie wie die Kinder unter eure Füße legt und darauf tretet, dann werdet ihr den Sohn des Lebendigen wahrnehmen. Und ihr werdet euch nicht fürchten.‹« (Logion 37) Auf die Absage hin wird der Initiand zur Stärkung von einem Priester am ganzen Körper mit dem Exorzismusöl gesalbt. Er bekommt gleichsam eine Schutzschicht, die ihn vor dem Zugriff übel wollender Kräfte bewahrt.

Bekenntnis und Untertauchen

Von Westen her steigt der Initiand in das Taufbecken mit fließendem Wasser. Dort bekennt er mit Blick in Richtung Osten (Sonnenaufgang, Erkenntnis) dreimal seinen Glauben und wird vom Taufspender jedes Mal vollständig untergetaucht. Das geschah durchaus bis zur Atemnot, denn im Mittelpunkt archaischer Initiationsriten stand eine symbolische, aber dennoch Angst mobilisierende Begegnung mit dem Tod. Angst führt zu einer extremen Anspannung, die dann in ihrem Höhepunkt in ein völliges Loslassen umkippt. Diese Hingabe ist die Erlösung. Das fließende Wasser ist ein Bild für den Fluss der Zeit, in den wir durch unsere Geburt eingetaucht sind und an dessen Ende der Tod wartet. Identifizieren wir uns aber mit dem Göttlichen, dem Unzerstörbaren in uns, dann sind wir augenblicklich aus der Verfallenheit an den Tod erlöst. So steigt der nunmehr Getaufte in Richtung Osten wieder aus dem Tauchbad.

Salbung mit Chrisam

Dort wird er – wiederum am ganzen Körper – mit Chrisamöl gesalbt, das auch bei der Inthronisation des Königs und der Weihe der Priester verwandt wurde. Das Öl, durch einen Pressvorgang als innerste Essenz aus der Olive gewonnen, ist ein altes Bild für das Ergebnis des spirituellen Prozesses, durch den ebenfalls das wirkliche Wesen des Menschen freigesetzt wird. Zudem sind im Hebräischen die Begriffe für Öl und die Zahl Acht eng verwandt, sodass der Gesalbte ein im Glanz des achten Tages Erscheinender ist, einer, der durch seinen spirituellen Weg die Bindung an die materielle Welt der Siebentageschöpfung überwunden hat. Auch er ist jetzt ein Christus, ein Gesalbter.

Das weiße Kleid

In der Taufzeremonie in der Regel mit einem neuen Namen, dem Namen eines Heiligen versehen, wurde der Getaufte jetzt mit einem weißen Gewand bekleidet, das Zeichen seines inneren Bezugswechsels und der Unschuld eines Neugeborenen, der Unschuld jedes Neuanfangs, an dem noch alle Möglichkeiten offen stehen. Dieses Gewand durfte der nunmehr Eingeweihte eine Woche lang tragen. Dann gab er es am »Sonntag der weißen Gewänder« (Weißer Sonntag) wieder zurück. Nach dem Bekleiden wurde er mit dem Wunsch »Der Herr sei mit

Dir« umarmt und durfte nun zum ersten Mal an der Eucharistie teilnehmen. Auf dem Altar standen drei Kelche: einer mit dem Wein für die Eucharistie, einer mit Wasser (Reinigung im Innersten) und einer mit Milch und Honig, der Nahrung der Neugeborenen.

Was ist aus diesem großartigen Ritual geworden, wenn heute unmündige Kinder überwiegend religiös desinteressierter Eltern an irgendeinem Samstag- oder Sonntagnachmittag mit wenigen Tropfen Wasser getauft werden?

Die Kindertaufe

Erst zum Ende des zweiten Jahrhunderts wurden gegen Widerstand und erhebliche theologische Bedenken Kinder zur Taufe zugelassen. Offenbar war das Reservoir an erwachsenen Bewerbern erschöpft, sodass man jetzt daranging, auch die kommende Generation schon frühzeitig in die kirchliche Gemeinschaft einzugliedern. Die deutlich mystisch-spirituell orientierten Varianten des Christentums ohne institutionelle Bindung haben weiterhin die Erwachsenentaufe beibehalten. Die unselige Idee von der Erbsünde, mit deren Makel behaftet zu sterben einen angeblich von der Gemeinschaft mit Gott ausschloss, war ein ideales Druckmittel, die frühzeitige Taufe von Kindern zu verstärken und die reiche und tiefe Taufsymbolik auf ein »Reinwaschen« zu reduzieren. Auch heute habe ich den Eindruck, dass es den christlichen Kirchen in erster Linie um die Sicherung des Mitgliederbestandes geht statt um die Ermöglichung verwandelnder spiritueller Prozesse, indem die Voraussetzungen für die Taufe auf minimale Formalien reduziert werden. Zumal ja die ganze Symbolik zur Lebenssituation eines zu taufenden Kindes überhaupt nicht passt – es sei denn, man legt das Bild der Reinkarnation zu Grunde. Dann kann man zu Recht auch hier von einem Bezugswechsel sprechen,

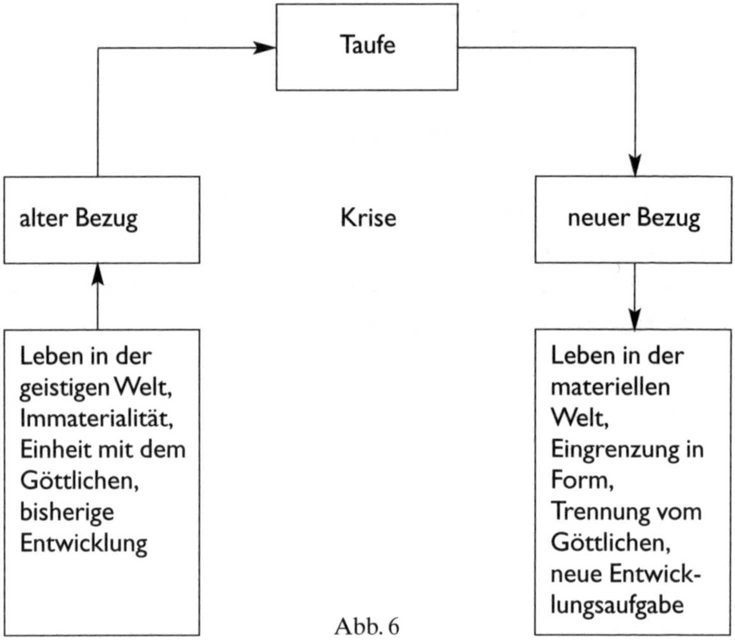

Abb. 6

denn die Seele bzw. das Geistwesen muss sich aus der feinstofflichen Existenz in der geistigen Welt in die grobstoffliche Existenz eines Körpers unter den Bedingungen von Raum und Zeit eingrenzen. Es muss Ja sagen zu dieser Existenz, zur derzeitigen Persönlichkeit, zu den jetzigen Lebensrahmenbedingungen und zur diesmaligen Lernaufgabe. Dann stimmen auch wieder die Zeichenhandlungen und Symbole. Das Neugeborene wird eingetaucht in den Fluss der Zeit und gleichzeitig durch die Taufe herausgehoben aus der Verfallenheit an die Kräfte der Vergänglichkeit. Es bedarf der Öffnung seiner Sinne, um zu erkennen, woher es gekommen ist, was sein wahres Wesen ist und wohin sein Weg führt. Ich habe den Ritus deshalb ergänzt um ein Niederlegen des Kindes auf die Erde mit dem Wunsch, dass es sich hier verwurzeln möge, und ein Hinaufheben zum Himmel mit dem Wunsch, dass es sich seiner

Herkunft und seiner Aufgabe bewusst bleibe. Es bedarf der Abgrenzung von den Erfahrungen vergangener Existenzen, damit es sich ganz auf das Leben hier und jetzt einlassen kann. Es bedarf der Stärkung, damit es seine Lernaufgabe angehen kann. Dann ist auch die Kindertaufe zu Beginn des irdischen Lebens Einweihung in das Mysterium menschlicher Existenz und in die Aufgabe der Erinnerung: den spirituellen Weg nach innen zu beschreiten und sich dabei seines wahren Wesens und der Verbundenheit mit dem Göttlichen wieder zu erinnern. Ich habe schon oft bei Kindertaufen in die wissenden Augen alter Seelen geschaut, die mit großer Aufmerksamkeit und Ernsthaftigkeit, aber auch mit Begeisterung und Freude (auf das Kommende?) das alte Ritual mitvollzogen.

Die Eucharistie

Leben aus dem Tod

Ritualisierte Mahlzeiten, bei denen eine getötete (und zerstückelte) Gottheit in symbolischer Form gegessen wurde, gab es schon lange bevor das Christentum auf den Plan trat. In den alten Jägerkulturen wurden die gejagten Tiere wegen ihrer Kraft als göttliche Wesen verehrt. Ihre Tötung galt einerseits als Befreiung des Gottes aus seiner eingegrenzten Existenzweise als Tier und andererseits doch als massiver Eingriff des Menschen. Die Tötung des Tieres war deshalb ein kultischer Akt, von Bitt- und Sühnegebeten begleitet.

Sibirische Stämme sahen beispielsweise vor rund 40 000–50 000 Jahren im Bären den Sohn des Himmelsgottes, der sich im Gehorsam dem Vater gegenüber töten ließ. Sein Tod war aber zugleich der Beginn seiner Wiederauferstehung und Himmelfahrt. Aus seinen Tatzen entstand die Gestalt des getöteten Tieres im Sternbild des Großen Bären. Indem die Menschen das Fleisch des getöteten göttlichen Sohnes aßen, nahmen sie an dessen Unsterblichkeit teil.

Noch älter sind die Vorstellungen der Völker im tropischen Pflanzergürtel. Sie sahen in der Frucht des Feldes das göttliche Kind aus der heiligen Hochzeit von Vater Himmel und Mutter Erde. Das Ernten und Mahlen des Kornes sowie die Lese und das Zerstampfen der Weintrauben galten als Tötung des göttlichen Kindes, das sich den Menschen freiwillig zur Speise anbietet, damit diese leben können. Da es in der neuen Frucht des nächsten Jahres wieder zum Leben kam, hofften die Menschen, durch das heilige Mahl auch selbst Anteil am Kreislauf von Werden, Vergehen und Neuwerden zu bekommen. »Deinen Tod, oh Herr, verkünden wir, und deine Auferstehung preisen wir, bis du wiederkommst in Herrlichkeit« könnte daher von der Steinzeit an und über alle Kulturen verbreitet eine zentrale Formel solcher ritualisierten Mahlzeiten sein.

Das Alter dieser Bilder und ihre weite Verbreitung legen wieder die Annahme nahe, in ihnen eine Ausdeutung einer existentiellen Urszene zu sehen, die im Ritual vergegenwärtigt und beantwortet wird. Zum einen geht es um die Auseinandersetzung mit der Endlichkeit der irdischen Existenz, und so haben wir es auch im Kult des heiligen Mahles mit einer »Gottheit mit Geschichte« zu tun, an deren Sieg über den Tod man durch den Vollzug des Rituals Anteil gewinnen kann. »Wer mein Fleisch isst und mein Blut trinkt, hat das ewige Leben, und ich lasse ihn auferstehen am Letzten Tag«, sagt der Jesus des Johannesevangeliums (Johannes 6,54). Zum anderen aber offenbaren sowohl die Pflanzer- wie die Jägerkulturen in ihren Mythen eine Art grundlegendes Schuldgefühl: ob Fleischesser oder Vegetarier – wir leben nur dadurch, dass wir anderes Leben zerstören! Die Freiwilligkeit der Hingabe und die letztliche Unzerstörbarkeit des Lebens, von denen die Mythen erzählen, sowie der Dank für dieses Selbstopfer in Form des Kultes (auch Eucharistie heißt »Danksagung«) befreien darum von dieser Urschuld. »Diese Speise ist eingesetzt zur Vergebung der Sünden«, erklärt das Tridentinische Konzil über die heilige Messe. Und in den Einsetzungsworten des christlichen Abendmahls heißt es: »Nehmt und trinkt alle aus dem einen Kelch. Das ist der neue und ewige Bund, in ihm wird alle Schuld vergeben.« Es ist eine Lossprechung des gesamten Daseins, eine Ermächtigung zum Leben, die auch die aggressiven Kräfte als der Lebenserhaltung dienende mit einschließt.

Leben aus dem Opfer

Bis zur Liturgiereform des Zweiten Vatikanischen Konzils wurde die Messe in erster Linie als »unblutige Wiederholung« der Selbstopferung Jesu am Kreuz verstanden. Das ist eine Vorstellung, mit der wir heute Schwierigkeiten haben, zumal uns damit viele Schuldgefühle gemacht wurden, eine düstere Stimmung Oberhand gewinnt und archaische Bilder von der Schlachtung von Opfertieren auftauchen. Aber wenn wir den alten Mythen trauen, scheint es so etwas wie eine universelle »Opfergemeinschaft« zu geben, »bei der Götter sich opfern um der Schöpfung des Universums willen und die Menschen (sich) wiederum opfern um der Stärkung und Regeneration der Götter willen«.[15] So erzählen die Mythen von einem kosmischen Urwesen, das geopfert und zerstückelt wird und sterbend aus sich den Kosmos hervorbringt. Das ist im Grunde eine frühe Variante der Urknall-Theorie, nach der auch am Anfang die gesamte Materie in einem Punkt verdichtet war und dann in einer gewaltigen Explosion (»Zerstückelung«) die Vielfalt der Lebensformen in Gang gebracht hat. Am Anfang steht der Tod, er ist die Voraussetzung für das Leben. Dem Opfer wohnen demnach schöpferische Kräfte inne, die durch dieses freigesetzt werden. Das kann auch jeder aus eigener Erfahrung bestätigen, der erlebt hat, wie sehr ein krampfhaftes Festhalten am Status quo Stillstand (Tod) bedeutet und dass jedes Hergeben Befreiung bringt und Neues in Gang setzt. Leben ist aber – trotz der Anti-Aging-Bewegung – gleichzeitig auch Verbrauch und Verschleiß, es läuft auf Ermüdung und Tod hinaus. Im physikalischen Zusammenhang heißt das Entropie. Deshalb steht jedes Opfer im Dienst der Erneuerung der schöpferischen Kräfte. »Denn eindeutig sagen es die Brahmanas, dass das Selbstopfer Prajapatis das mythische Urbild des Opfers schlechthin darstelle und dass das im rituellen Vollzug dargebrachte Opfer der Wiederherstellung und Reintegration des kosmischen Urwesens diene und somit auch die ständige Erneuerung des Kosmos gewährleiste: In jedem Opfer wird gleichsam ein von Vernichtung bedrohter Teil des Kosmos erneuert oder wiedererschaffen; der Sinn des Opfers ist die Erneuerung der Welt.«[16] So wird in der Eucharistie einerseits die Selbsthingabe Gottes, die Opferung seiner Ureinheit als schöpferische Grundlage allen Lebens vergegenwärtigt. Andererseits opfert der Mensch sein Ich, jenen kleinen vergänglichen Teil seiner weltlichen Selbstbehauptung, damit das eigentliche und unzerstörbare Wesen in ihm zum Durchbruch kommen kann. Dadurch ist der Vollzug dieses Rituals als Antwort auf die Urszene der Vergänglichkeitserfahrung auch ein Einüben in das Sterben, ein Bejahen dieses Vorgangs als Voraussetzung für das Leben.

Einverleiben

Sigmund Freud, der Begründer der Psychoanalyse, hatte noch weitere Ideen zu der Urszene, die im heiligen Mahl beantwortet wird. Er sah im Mythos vom Sündenfall durch verbotenes Essen, der auch in der Bibel vorkommt (Genesis 3,1–7), eine Spiegelung der Entwöhnung zum Ende des ersten Lebensjahres. Zu diesem Zeitpunkt löst sich die ursprüngliche Mutter-Kind-Einheit auf, das Kind erlebt erstmalig den Unterschied von Ich und Nicht-Ich, den es als Verlust von Geborgenheit empfindet. Gleichzeitig wachsen die Zähne, sodass es beim Säugen häufig zum schmerzhaften Zubeißen kommt. Freud meint, das Absetzen von der Mutterbrust empfinde das Kind daher als Strafe und als Verlust der Versorgungsquelle, die es sich verbotenerweise im Zubeißen einverleiben wollte. Das Zusammentreffen dieser Erfahrungen sei daher im Erleben des Kindes in der Tat eine Vertreibung aus dem Paradies der Ureinheit und Urversorgung. Das Leben, das wir seitdem mit all seinen Grenzen und Zumutungen führen müssen, empfänden wir deshalb tief in unserem Unbewussten als Folge eines verbotenen Essens in »grauer Vorzeit« – so wie es der Mythos behauptet. Wenn daher im heiligen Mahl die Einladung erfolgt, »nehmt und esst alle davon«, die Freiwilligkeit der Hingabe betont und in Bildern die Zukunft der Gottesherrschaft als wunderbare Speisung mit Speise und Trank im Überfluss dargestellt wird, dann bestärkt das Ritual die Hoffnung, dass eine Wiedervereinigung mit der Quelle alles Guten möglich ist. Was psychologisch illusionär ist, nämlich die Rückkehr in die Urgeborgenheit des Mutterschoßes, ist spirituell eine Aufgabe: nämlich der Eintritt in die totale Geborgenheit durch die Wiederverbindung (religio) mit dem Göttlichen. Das »Reich Gottes« besteht wesentlich in dieser Einheitserfahrung und wird daher mit Bildern beschrieben, die der symbiotischen Lebensphase entsprechen. »Reich Gottes« ist Fülle und Heil, psychologisch ausgedrückt ein Zustand narzisstischen Wohlbefindens, der Integrität und der Verbundenheit.

Jedes Essen ist in der Tat ein Vorgang der Aneignung, Einverleibung und Verwandlung: tierische oder pflanzliche Substanz wird in menschliche Substanz verwandelt, Fremdes wird einverleibt und damit unverlierbar gemacht. Wenn Kannibalen von frisch Verstorbenen aßen oder Jäger das Blut gerade erlegter Tiere tranken und von ihrem rohen Fleisch aßen, dann versuchten auch sie nur, sich auf diese Weise in einem sakralen Akt deren Lebenskraft einzuverleiben. So ermöglicht das Ritual, in sich zu haben, was man außen verloren hat: Geborgenheit und die daraus erwachsende Gelassenheit.

Verwandlung

»Frag hundert Katholiken, was das Wichtigste ist in der Kirche, sie werden antworten: die Messe. Frag hundert Katholiken, was das Wichtigste ist in der Messe, sie werden antworten: die Wandlung. Sag hundert Katholiken, das Wichtigste in der Kirche ist die Wandlung, sie werden empört sein.«[17] Dieser alte Text von Lothar Zenetti aus der Zeit der konziliaren Reformbewegung trifft nicht nur den üblichen Widerstand gegen Reformen, sondern den Kernpunkt religiöser Existenz. Denn Religion wird weitgehend als Stütze bürgerlichen Lebens gesucht, während alle biblischen Glaubensbilder von dramatischen Umbrüchen im Leben der Berufenen sprechen. Ein spirituelles Verständnis menschlicher Existenz umfasst deshalb die Selbsttransformation als Grundaufgabe dieses Lebens. »Aufgegeben ist die Verwandlung des Menschen von einem, der dem Wesen verstellt ist, zu einem, der für die Erfahrung dieses Wesens und das Selbstwerden aus dem Wesen geöffnet ist.«[18] In diesem Wandlungsprozess geht es um die Erinnerung daran, woher wir kommen und wer wir wirklich sind, um das Durchlässigwerden für das Göttliche in uns, das sich auch in unserem Leben in Liebe ausdrücken will. Die beiden zentralen Zeichen der eucharistischen Wandlung, Brot und Wein, die in göttliche Substanz und Zeichen seiner Gegenwart gewandelt werden sollen, sind daher eine Externalisierung (Nach-außen-Bringung) und Darstellung dieser transformatorischen Aufgabe, jede einzelne menschliche Existenz nach dem Beispiel Jesu in die Vergegenwärtigung Gottes zu verwandeln. In beiden Substanzen spiegelt sich dieser Wandlungsprozess, denn das Brot ist das Ergebnis einer schnellen Verwandlung durch Erhitzen, während der Wein das Ergebnis einer langsamen Verwandlung durch Gären ist, so wie unsere eigene Entwicklung einerseits einem langsamen Reifen entspricht und andererseits durch Krisen vorangetrieben wird. Außerdem stellt der Brotlaib den menschlichen Körper dar, das sichtbar Erscheinende, während der Wein, durch einen Destilliervorgang gewonnen, der Essenz, dem Wesen entspricht. Wo Brot (im Hebräischen »LeCHeM« mit dem Zahlwert 78[19]) und Wein (im Hebräischen »JaJiN« mit dem Zahlwert 70), wo also Erscheinung und Wesen zusammengebracht werden, da ereignet sich Erlösung, da sind wir aus der Verfallenheit an den Tod befreit (»Pessach« mit dem Zahlwert 148, der Summe von Brot und Wein, bedeutet »Ausgenommen«).

Pessach

Das feierliche Pessachmahl, vom jüdischen Volk jedes Jahr im Gedenken an den Aufbruch aus Ägypten gefeiert, ist nach dem Zeugnis der Evangelien jenes Mahl, das Jesus am Vorabend seines Sterbens mit seinen Lernenden gefeiert hat und das als Einsetzung der Eucharistie gilt. In diesem ritualisierten Mahl wird der Auszug aus Ägypten nicht rein historisch verstanden, sondern spirituell als Urbild gläubiger Existenz. Jeder habe dieses Mahl so zu feiern, als sei er selbst in jener Nacht aufgebrochen, heißt es in der Anleitung zur Pessachfeier. Und auf die Frage des jüngsten Teilnehmers nach dem Sinn dieser Feier wird geantwortet: »Weil wir in dieser Nacht befreit wurden.« Ägypten ist so der Inbegriff eines Lebens in Entfremdung, nicht nur der psychologischen Entfremdung unter der Herrschaft innerer und äußerer »Pharaonen«[20], sondern besonders der Entfremdung von Wesen und Erscheinung. Die fiktive Anzahl der in ägyptischer Gefangenschaft verbrachten 430 Jahre entspricht genau dem Zahlwert des Wortes »NePHeSCH«, das die in den Leib gekleidete Seele bezeichnet. Der Weg von Ägypten nach Kanaan ist daher der von jedem zu beschreitende Weg aus der Welt der Polarität in die Wiedervereinigung von Wesen und Erscheinung, von Gott und Mensch. Ist es da Zufall, dass der Zahlwert der hebräischen Bezeichnung für Ägypten (»MiZRaJiM« = 380) zu dem Zahlwert von »KaNaaN« (= 190) im Verhältnis zwei zu eins steht? Die Tradition erzählt, dass am Vorabend des Aufbruchs in jedem jüdischen Haus ein fehlerloses einjähriges Lamm vollständig verzehrt werden musste. Es durfte nicht zerstückelt werden, sondern musste im Ganzen gebraten werden. In diesen Häusern versammelten sich also die Hüter der Einheit, der Vollständigkeit, die sich die Einheit im Mahl »einverleibten«. Draußen ging in jener Nacht der Würgeengel um, der jede ägyptische Erstgeburt tötete und nur die Häuser der Hebräer »ausnahm«. Diesseitsorientierung hat also keine Zukunft, sie ist dem Tod geweihtes Leben. Nur Jenseitsorientierung, Ausrichtung auf das Wesentliche, die Bemühung um Einheit befreit davon.

Communio

Zu Beginn dieses hochsymbolischen Pessachmahles nimmt Jesus als Hausvater das Brot, bricht es in kleine Stücke und reicht es seinen Lernenden mit den Worten: »So wird es auch mit meinem Leib geschehen. Nehmt und esst alle von dem einen Brot.« Das Brot muss gebrochen werden, es darf nicht geschnitten werden, denn das wäre Mord. »Selig das Brot, das gebrochen wird«, heißt es bei den muslimischen Sufis. So macht diese Zeichenhandlung deutlich, wie die ursprüngliche Einheit in die Vielheit zerbricht und dass doch alle an dieser Einheit teilhaben – Communio, Vereinigung. Am Ende des Mahles nimmt Jesus den vorgeschriebenen vierten Becher Wein, vergießt ein wenig von dem Wein und reicht den Becher seinen Lernenden mit den Worten: »So wird es auch mit meinem Blut geschehen. Nehmt und trinkt alle aus dem einen Kelch, das ist der neue und ewige Bund.« Während sonst jeder aus seinem eigenen Becher trinkt, sollen diesmal alle aus dem gleichen trinken, angefangen von Petrus, dem »Klassensprecher«, bis hin zu Judas, der des Verrats verdächtig ist. Sie alle bilden eine Gemeinschaft. Alle mit allen verbunden, Allverbundenheit, die Einheit von Wesen und Erscheinung, von Gott und Mensch, von Mensch und Mensch, im Essen und Trinken aufgenommen, zu Eigen gemacht – Communio, Vereinigung.

Die Dramaturgie der Verwandlung

Wiederum kommen in diesem Ritual und seiner Symbolik viele Themen zusammen, und es erlebend und meditierend können wir immer noch neue Aspekte entdecken. Vergleichbar mit der Taufe und doch in ganz anderer Akzentuierung bringt auch

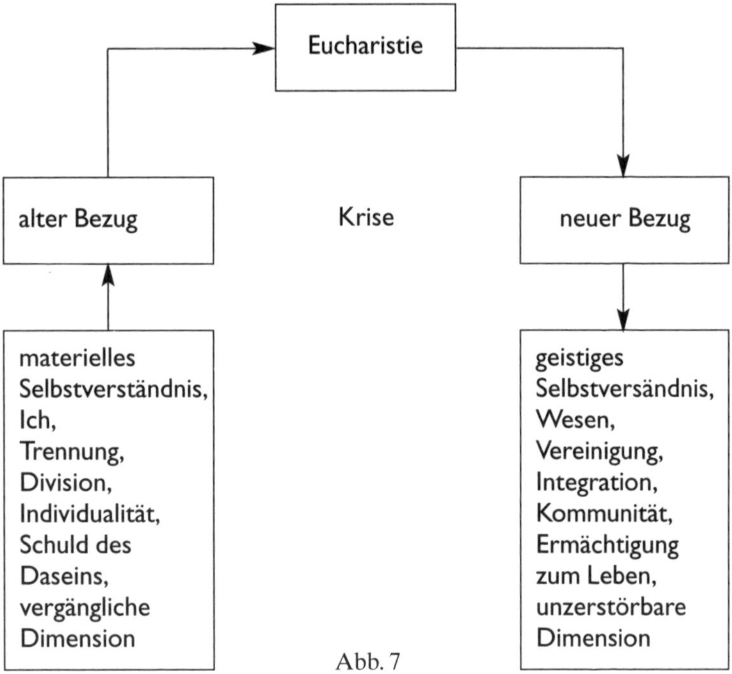

Abb. 7

dieses Ritual in einer überaus kunstvollen Gesamtdramaturgie das Mysterium der menschlichen Existenz zwischen Geburt und Tod und die damit verbundene grundlegende Lebensaufgabe zur Darstellung: die Wandlung bzw. Transformation bis zur Communio. Werde, der du bist! Wir sind uns selbst gegeben und aufgegeben, bis wir uns nicht mehr nur mit der vorübergehenden materiellen Erscheinung als Mensch identifizieren, gebunden an Geschlecht und kulturelle Herkunft, getrennt von Gott und voneinander, zum Sterben verurteilt, sondern mit dem unzerstörbaren göttlichen Atem in uns und so die »unio mystica«, die Allverbundenheit erfahren. »Ihr habt doch ausgezogen den alten Menschen samt seinen Praktiken und angezogen den neuen Menschen, der erneuert ist zur vollen Erkenntnis (Erleuchtung) gemäß dem Bild des ihn Erschaffenden, wo der Einzelne nicht mehr Grieche oder Jude ist, nicht mehr Beschnittener oder Unbeschnittener, Barbar oder Skythe, Sklave oder Freier, sondern alles und in allen ist Christus.« (Kolosser 3,9 ff.)

Der Einzug

Bereits mit dem Betreten des sakralen Raumes wechseln wir von der Außen- zur Innenorientierung, von der Welt des Sichtbaren in die Welt des Verborgenen und bringen uns selbst mit all den Erfahrungen unseres täglichen Lebens in die Dimension des Wesentlichen, um es dem wahren Wesen anzunähern. Der feierliche Einzug des Priesters mit seiner liturgischen Assistenz zum Altar ist sichtbare Aufführung unserer Lebensbewegung auf das Wesentliche hin, vor dem er sich verneigt oder niederwirft, zu dem er hinaufsteigt und das er wie ein Mandala umschreitet. Spirituelles Leben ist Annäherung an das Wesentliche, ist Aufstieg und Höherentwicklung, ist Zentrierung. Meditation ist wie Bergbesteigung eine Bewegung über das Alltägliche hinaus, um andere Perspektiven zu gewinnen und alles in seinen Zusammenhängen zu verstehen. Der erhöhte Altar ist der Weltenberg, das Zentrum der Welt, mit der sich daraus erhebenden Weltenachse (dem Kreuz), wo das Oben und Unten, Göttliches und Irdisches miteinander verbunden und alle Gegensätze aufgehoben sind. Schon in den ersten Minuten der Liturgie eine anschauliche Deutung unseres Lebens, zumal wir im Blick auf das Kreuz auch noch das Mysterium der notwendigen Hingabe, aus der Leben erwächst, in den Blick bekommen. »Wer sein Leben [in der Jetztform] erhalten will, wird es gänzlich weglösen, wer es aber gleichsam gänzlich weglösen wird, wird es [in seinem wahren Wesen] lebenwerden lassen.« (Lukas 17,33)

Der Wortgottesdienst

Die Erzählungen der jüdisch-christlichen Bibel, die im Wortgottesdienst vorgetragen werden, sind wie die Erzählungen anderer spiritueller Traditionen auch Mythen, d.h. bildhafte Geschichten. In ihnen geht es nicht um historische Informationen, nicht um Beschreibungen dieser Welt, sondern um Erfahrungen aus und mit der Welt des Wesentlichen. Es sind Erinnerungsschreiben aus der geistigen Welt, Weckrufe, die uns aus der Identifikation mit dem Vordergründigen aufrütteln und an unsere Lebensaufgabe erinnern wollen. »Und ich sagte: ›Der, der hört, stehe auf von seinem Schlaf!‹ Und da weinte er und vergoss Tränen. Bittere Tränen wischte er von sich ab. Und er sagte: ›Wer ist es, der meinen Namen ruft? Und woher ist diese Hoffnung zu mir gekommen, während ich in den Fesseln des Gefängnisses bin?‹ Und ich sprach: ›Stehe auf und erinnere dich, denn du bist es, der gehört hat; folge deiner Wurzel …!‹«[21] In diesen Geschichten erfahren wir, wer wir sind. Außerdem sind sie wie Landkarten, anhand derer wir uns über unsere derzeitige Situation und die notwendigen Lernaufgaben orientieren können.[22] Jenseits jeglicher Moral erzählen sie davon, dass die ganze Welt, man selbst und das Leben ein Wunder ist; sie wecken Ehrfurcht vor diesem Geheimnis und zeigen auf, wie man unter allen Umständen ein menschliches Leben führen kann. Sie lehren uns, unser Leben in seinen kosmischen Zusammenhängen zu begreifen, und wollen uns in die Erfahrung des Wesentlichen führen, aus der heraus wir dann auch die Liebe leben können.[23]

Die Opferung

Seit der Liturgiereform heißt dieser Teil »Gabenbereitung«, eine funktionalistische Bezeichnung, als ginge es hier um die Essensvorbereitung in der Küche. Dabei geht es gerade jetzt um eine wesentliche Weiterführung des im Wortgottesdienst Aufgenommenen: Es gibt keine Wandlung, keine Weiterentwicklung, keine Neuwerdung, ohne dass wir den Status quo aufgeben und uns so, wie wir jetzt sind, hergeben müssen. So werden nun Brot und Wein als Symbole unserer polaren Jetztwirklichkeit und als Symbole unserer Wandlungsprozesse dargebracht und erhoben, so wie wir uns selbst in die Unkontrollierbarkeit von Veränderungsprozessen hineinbegeben müssen, damit unser materielles Welt- und Selbstverständnis in ein spirituelles verwandelt werden kann. Was wir letztendlich opfern müssen, ist unser Ich, das nur einen begrenzten Teil unserer Wirklichkeit darstellt. Den Tod des Ich zu durchleben klingt meist nach Schwere und Verlust. Es gibt aber Momente in unserem Leben, die uns eine Ahnung von der Ich-losigkeit vermitteln und zugleich Augenblicke intensiven Lebens und Genießens sind: jene Augenblicke, in denen wir uns »hingebungsvoll« einer Person oder Sache widmen und dabei uns »selbst vergessen«. Auch das Beweihräuchern der Gaben Brot und Wein, der Verbrennungsvorgang, ist ein Symbol der anstehenden »aufsteigenden Vergeistigung«. Zweimal erfolgt die Räucherung gegen den Uhrzeigersinn in die Richtung des Unbewussten, einmal nach rechts in die Richtung des Bewusstseins. Wenn anschließend alle Anwesenden mit einer Verneigung beweihräuchert werden, wird damit bereits in jedem die Anwesenheit des Göttlichen geehrt.

Die Wandlung

Da es also um unsere Höherentwicklung, um die Spiritualisierung unseres Lebens geht, wird der nächste Teil der Liturgie folgerichtig mit dem Ruf »Erhebet die Herzen« eingeleitet, worauf alle antworten: »Wir haben sie beim Herrn.« Nun kommen im Gedächtnis des Lebens und Sterbens Jesu die Selbsthingabe Gottes hinein in die irdisch-materielle Existenz und die Hingabe des Menschen an das Göttliche zusammen, ein Sterben und Neuwerden. Genauso wie Jesus in seiner Person und in seinem Leben das Göttliche vergegenwärtigt hat, indem kein Ego mehr das Wesen verstellte, so sollen auch wir das Göttliche in uns zur vollständigen Präsenz entfalten. Die Hingabe dessen, was ist, wird verwandelt in das, was es sein kann und soll, die Opferung des Ich wird zum Durchbruch des Wesens – Leben entsteht aus dem Tod.

Die Kommunion

Wenn nun das Brot in die Vielheit gebrochen und der eine Becher Wein gereicht werden, d. h., wenn wir es bekommen und es uns nicht nehmen müssen, dann erfahren wir uns in diesem Vorgang des Genährtwerdens so, wie wir sind, als angenommen und geliebt, als zum Dasein berechtigt. Denn das Bekommen der Nahrung bedeutet mehr als die Zufuhr der lebensnotwendigen Kalorien, es ist Geschenk und Ausdruck der Liebe. »An der Mutterbrust treffen sich Hunger und Liebe«, meinte Freud. (Insofern war die frühere Praxis der Mundkommunion noch etwas näher an der archaischen Erfahrung des Gefüttertwerdens.) In der Kommunion, der Aufnahme und dem Sich-zu-Eigen-Machen der göttlichen Gegenwart, wird der Mensch eins mit Gott bzw. dem Göttlichen in sich. Bereits die Schöpfungserzählung sagt, dass der Mensch ein Wesen doppelter Herkunft ist: Er ist aus der Materie der irdischen Wirklichkeit genommen und mit dem Lebensatem Gottes versehen. Von Jesus bekennen wir, dass er wahrhaft Gott und Mensch gewesen sei. Er hat diese beiden Seiten in sich zur Integration gebracht und ist damit Modell unserer eigenen Vereinigungsaufgabe. So wie wir Brot und Wein in uns aufnehmen, so soll und kann uns das Göttliche vollständig durchdringen und erfüllen – wenn wir dem keinen Widerstand mehr aus Angst vor dem Untergang unseres Ego entgegensetzen. Und so wie alle anderen es ebenfalls erneut aufnehmend in sich stärken, sind wir mit allen verbunden, denn jeder ist in der ganzen Unterschiedlichkeit und Vielfältigkeit menschlicher Persönlichkeiten eine Erscheinungsweise des Göttlichen, eine Form, in der Gott sich ausdrückt. »So sind wir, die vielen, ein Brot, ja ein Leib, denn wir alle haben Teil an dem einen Brot.« (1 Korinther 10,17)

Segen und Sendung

Nach dieser Einweihung in unser wahres Wesen, nach diesem rituellen Vollzug unserer Lebensaufgabe der Transformation und Einswerdung müssen wir uns nun wieder mit der Alltagswelt verbinden. So wie die Lernenden Jesu vom Berg der Verklärung, auf dem sie gerne geblieben wären, wieder »hinunter« geschickt wurden, in die »Niederungen« des gewöhnlichen Lebens, so werden auch wir wieder in unser alltägliches Leben geschickt, um dort die Verwandlung wirksam werden zu lassen. »Wenn jemand in Christus ist, dann ist er eine Neuschöpfung: Das Alte ist vergangen, Neues ist geworden.« (2 Korinther 5,17) Wir müssen gar nichts »machen«, sondern nur zulassen, dass »es« in uns wirkt, denn wir haben es als Potenzial in uns. Das ist die Zusage dieser Feier, der Segen, mit dem wir dann wiederum »in der Welt sind«, ohne »von der Welt« zu sein. Kann man als Priester eine so großartige Dramaturgie gleich mehrfach hintereinander aufführen, sich mit Leib und Seele mit ihren Inhalten identifizierend? Kann man das täglich mitvollziehen?

Die Hochzeit

Die Glocken dröhnen ihren vollsten Ton
und Fotografen stehen knipsend rum,
es braust der Hochzeitsmarsch von Mendelssohn,
ein Priester kommt, mit ihm das Christentum.

In der Kirche knien die Damen schulternackt,
noch im Gebet kokett und fotogen,
indes die Herren konjunkturbefrackt
diskret auf ihre Armbanduhren sehen.

Sanft wie im Kino surrt die Liturgie
zum Fest von Kapital und Eleganz.
Nur einer flüstert leise »Blasphemie!« –
der Herr, allein ihn überhört man ganz.

Jahrelang habe ich dieses Gedicht des Schweizer Pfarrers und Lyrikers Kurt Marti in fast jedem Hochzeitsgottesdienst vorgetragen, um meinem Frust wenigstens ein wenig Ausdruck zu verleihen, denn es beschreibt bitter, aber exakt die Wirklichkeit dieses Rituals. Von 300 Brautpaaren hatte ich 87% vorher nie in der Kirche gesehen und 91% auch nachher nicht mehr, da sich der religiös praktizierende Partner in der Regel dem nicht praktizierenden anpasst. Wenn sich auch mit manchem Paar in der Vorbereitung durchaus ein interessantes Gespräch über religiöse (und kirchenpolitische) Fragen ergab, so verfügten doch vier Fünftel aller Brautpaare über keinerlei religiös-spirituelle Praxis (weder Teilnahme am Gottesdienst noch am sonstigen Leben der Gemeinde, weder persönliche Frömmigkeitsrituale oder Spiritualität noch Gespräche über religiöse Themen). Zudem wurde das Ritual nicht am Übergang vom Einzeldasein zur Partnerschaft angefordert, sondern zu einem viel späteren, aus psychodynamischer und spiritueller Sicht beliebigen Zeitpunkt, der allenfalls von der Veranlagung beim Finanzamt oder der Vergabe von Stellen für Lehrer und ähnlichen Überlegungen beeinflusst war. So degenerierte dieses Ritual zum bloßen Dekor einer bürgerlich-rechtlichen Vereinbarung.

Wenn auch alle Gesellschaften weitreichende Regelungen bezüglich Sexualbeziehungen, Eigentumsverhältnissen, und der Legitimation von Nachkommenschaften getroffen haben, so standen doch nicht diese Formalien im Vordergrund, sondern die Tatsache, dass die Verbindung zweier Menschen vor allem in existentieller Hinsicht eine neue Ordnung stiftet. Deshalb wurde der Eintritt in diese neue Ordnung in nahezu allen Kulturen religiös verstanden und gefeiert. Diesem Übergang wurde eine so weit reichende Bedeutung beigemessen, dass er selbst in Kulturen, denen Monogamie fremd ist, nur einmal gefeiert wurde! Denn es geht darin eben nicht um rechtliche Vereinbarungen, sondern um die Einweihung in das Mysterium der Verbindung der Gegensätze: Im Mikrokosmos einer Zweierbeziehung soll eine makrokosmische Ordnung nachvollzogen werden.

Die Heilige Hochzeit

Zu den Urszenen menschlicher Lebenswirklichkeit, auf die Rituale antworten, gehört auch, dass wir uns im Laufe unserer Entwicklung immer mehr unserer Unterschiedlichkeit bewusst werden. Das beginnt bereits mit der Auflösung der Ursymbiose zum Ende des ersten Lebensjahres, wo uns zum ersten Mal der Unterschied von Ich und Nicht-Ich aufgeht, und setzt sich fort in der Erfahrung, dass wir unterschiedliche Weisen haben, zu denken und zu erleben, dass wir zu unterschiedlichen Bewertungen kommen und uns unterschiedlich verhalten, und geht bis dahin, dass selbst langjährig miteinander Lebende trotz aller entwickelten Nähe immer noch Augenblicke erleben, in denen sie einander fremd sind und einander nicht verstehen können. Individualisierung ist Differenzierung. So sehr dies einerseits die Voraussetzung bildet, um ein eigenständiges und selbstbestimmtes Leben zu führen, so sehr es die Vielfalt und Buntheit menschlichen Lebens garantiert und gegenseitige Ergänzung ermöglicht, so sehr erleben wir es andererseits als Trennung, die Beziehungsarbeit erforderlich macht: Wir müssen in Kontakt treten, Beziehung herstellen, uns erklären, Vorstellungen und Wünsche ausdrücken, uns einfühlen, verstehen, verhandeln und auch für unsere Interessen kämpfen. Alle Sehnsucht nach Harmonie und Einvernehmlichkeit, nach wortloser Verständigung spricht daher vom Schmerz der Trennung, von der Erinnerung an die ursprüngliche Ungeteiltheit in der vorgeburtlichen Existenz im Mutterleib und vom Wunsch nach Verbundenheit über alle Unterschiede hinweg.

Doch nicht nur das. Je mehr wir uns unserer selbst bewusst werden, desto mehr erleben wir auch in uns selbst die gleiche Zerrissenheit. Nur ein Teil unseres Selbst ist uns bewusst, daneben gibt es auch den dunklen Bereich des Unbewussten. Einerseits suchen wir Nähe und Zugehörigkeit, andererseits brauchen wir Distanz und wollen Unabhängigkeit. Mal sind wir mutig und mal sind wir ängstlich. Der Mensch ist zu wunderbaren Werken der Liebe und der Kunst fähig und zu den grausamsten Verbrechen. Auf der einen Seite wünschen wir Veränderung und neue Möglichkeiten, auf der anderen Seite schätzen wir Beständigkeit und den vertrauten Lebensrahmen. Mal sind wir zuversichtlich und voller Tatendrang, mal deprimiert und wie gelähmt. In dem einen Augenblick können wir einem anderen Menschen zutiefst in Liebe zugetan sein, im nächsten kann uns ein Verhalten oder eine Eigenart von ihm mächtig aufregen. Die Liste der Widersprüche ließe sich lange fortsetzen, und all das sind wir. Wir erleben zudem unsere Grenzen und bedürfen der Ergänzung von außen. Wir erleben uns unfertig und unbeholfen und bedürfen des Lernens, Übens und der Selbstentwicklung. Wir erleben uns mitunter sogar von uns selbst entfremdet, getrennt von dem, was wir eigentlich sein könnten und leben wollten. Und alle Sehnsucht nach Annahme, so, wie wir sind, alle Sehnsucht nach Authentizität, innerer Ordnung und Heil spricht vom Schmerz dieser Zerrissenheit und dem Wunsch nach Ganzheit.

Kein Wunder, dass auch viele Mythen das Getrenntsein und die Sehnsucht nach Harmonie thematisieren. Eins der ältesten und am weitesten verbreiteten Motive ist das der streitenden Brüder, die gegeneinander kämpfen, sich trennen, unterschiedliche Schicksale erleben, sich erneut suchen und schließlich eine Ordnung finden, in der beide leben können. Andere Mythologien erzählen davon, dass der Mensch ursprünglich androgyn gewesen sei, ein Kugelwesen, beide Geschlechter in sich vereinigend, ehe er getrennt und in Mann und Frau aufgeteilt wurde. Seitdem sei jeder auf der Suche nach der verlorenen Hälfte, und mancher Ehemann stellt noch heute seine Frau als seine »bessere Hälfte« vor. Zum klassischen Märchenschema gehört, dass der Jüngste aus einer Männerwelt aufbricht, um etwas Kostbares oder Verlorenes oder ein Heilmittel zu suchen, und auf seinem Abenteuerweg auch auf eine gefangen gehaltene oder verwunschene Jungfrau stößt, die er erlöst und schließlich zur Hochzeit heimführt. Wieder andere Mythen erzählen von der Verbindung zwischen Göttern und menschlichen Frauen und den Helden, die aus diesen Verbindungen hervorgehen. All diese Mythen erzählen in ihren Bildern von der Erfahrung der Polaritäten und von den Möglichkeiten, den Zwiespalt zu überwinden. Besonders die Hochzeit wird darin zum Leit- und Zielbild der Überwindung des Getrenntseins und der Gegensätze. In den alten Kulturen wurde dieses Zielbild jährlich im Frühjahr als Heilige Hochzeit vom König und der Priesterin vollzogen, um die Fruchtbarkeit der ausgesäten

Saat zu sichern, die als Kind der Ehe von Himmel und Erde verstanden wurde. Doch gleichzeitig diente dieses Ritual der initiatorischen Entwicklung der Seele, der Einweihung in die Aufgabe, die innen und außen erlebten Gegensätze zu integrieren und sie in eine neue Ordnung zu überführen, die die Differenzierung nicht ungeschehen macht, sondern in einer alles umfassenden Einheit zusammenbringt, so wie ein Kind väterliche und mütterliche Anteile in einer neuen Ganzheit enthält, die mehr ist als die Summe der beiden. Zu Recht betont daher die katholische Kirche, dass zum Wesen der Ehe die Unauflöslichkeit und die Offenheit für Kinder gehören. Denn was wäre das für eine Überwindung der Gegensätze, die erneut Trennung erfahren würde? Und was wäre das für eine Überwindung der Gegensätze, die nicht in etwas Neuem fruchtbar würde? In der Beschreibung des Wesens der Heiligen Hochzeit mag das stimmen, aber daraus eine gnadenlose Rechtsvorschrift für menschliche Lebensgemeinschaften zu machen, stimmt weder mit dem Wesen der Ehe noch mit der Wirklichkeit der Menschen überein. Die makrokosmische Ordnung ist nicht einfach eins zu eins in die mikrokosmische umsetzbar. Das ist und bleibt eine Aufgabe, die mit Irrungen und Wirrungen, Gelingen und Scheitern verbunden ist und viele Aspekte umfasst, bis aus dem spaltenden Entweder-oder über das Sowohl-als-auch die Integration werden kann.

Auf der individuellen Ebene bedeutet dies, die Widersprüchlichkeiten in sich zur Kenntnis zu nehmen, auszuhalten und sie in eine Ordnung zu bringen, die nichts ausschließen, abspalten oder verdrängen muss. Auf der zwischenmenschlichen Ebene bedeutet es, Nähe und Distanz leben zu können, Unterscheidendes aushalten und Gemeinsames entwickeln zu können sowie Weitherzigkeit zu entwickeln, die Vielfalt in den Orientierungen und Lebensentwürfen gelten lassen kann. Auf der spirituellen Ebene bedeutet es die Wiedervereinigung von Wesen und Erscheinung, von Gott und Mensch, den Eintritt in die Erfahrung der Allverbundenheit. Denn die Heilige Hochzeit ist letztendlich ein Bild für die Einswerdung der Seele mit ihrem göttlichen Ursprung. Das Hochzeitsritual ist eine Einweihung in dieses Mysterium und die damit verbundenen vielfältigen Entwicklungsaufgaben. Jede Ehe hat daher Anteil an diesem Mysterium, sie ist Ort, der Ahnung vom Ganzen vermittelt und ein Einüben in die Einswerdung ermöglicht. Eine bevorzugte Zeit für die Hochzeit war daher der Frühling (»der Wonnemonat Mai«), die Zeit der Vermählung von Himmel und Erde. Der im Dorf aufgestellte Maibaum erinnert noch heute an die Weltenachse, die Himmel und Erde verbindet. Mit dem umgehängten Kranz zeigt er außerdem die Verbindung von Phallus und Vulva. Auch der Maikönig und die Maikönigin sind noch Relikte des alten Rituals der Heiligen Hochzeit.

Die Liebe – Gott oder Dämon?

In allen Zeiten und in allen Kulturen galt Eros, die Verkörperung von Liebe und Leidenschaft, auch als ein Dämon, der mit den Menschen spielt und sie in willenlose Marionetten seines Komödien- oder Tragödienspiels verwandelt. Amor, die römische Version, überfällt die Menschen und zwingt ihnen mit seinen Pfeilen die Liebe geradezu auf. Die Getroffenen entbrennen in einer Weise, die sie zum Gespött macht oder tragische Verwicklungen auslöst. In diesen Vorstellungen spiegelt sich die Erfahrung, dass die Sehnsucht, die Liebe und die Leidenschaft Mächte sind, die einen vollkommen beherrschen und einem die Kontrolle über sich selbst rauben können. »Die Liebe ist stark wie der Tod, selbst reißende Wasser können sie nicht hinwegschwemmen«, resümiert der Liebende im Hohen Lied der Liebe (Hohes Lied 8,6). Es ist die Angst vor den eigenen und fremden Gefühlen, die darin zum Ausdruck kommt, die

Angst, lächerlich zu wirken, in hohem Maß verletzlich zu sein und die Folgen des Geschehens nicht mehr kontrollieren zu können, die Angst, sich auszuliefern und sich in der Liebe zu verlieren und selbst dabei zu kurz zu kommen. So erscheinen Mann und Frau schließlich als von bösen, zerstörerischen Kräften erfüllt. Die »vulva dentata«, der mit Zähnen bestückte Frauenschoß, der einen in die Nichtexistenz zurück zu verschlingen droht, und der Penis des Mannes als tödlicher Speer sind in Mythos, Kunst und Träumen Symbole dieser Angst vor dem Verlust von Kontrolle und Kontur. Das ist die Dämonisierung der Liebe und des Gegengeschlechtlichen, weil sie als Versuchung und Bedrohung erlebt werden.

Aber auch das Gegenteil ist eine Gefahr: die Vergöttlichung des anderen, indem ihm eine absolute Bedeutung für das eigene Leben und Glück zugemessen wird. Die Sehnsucht nach

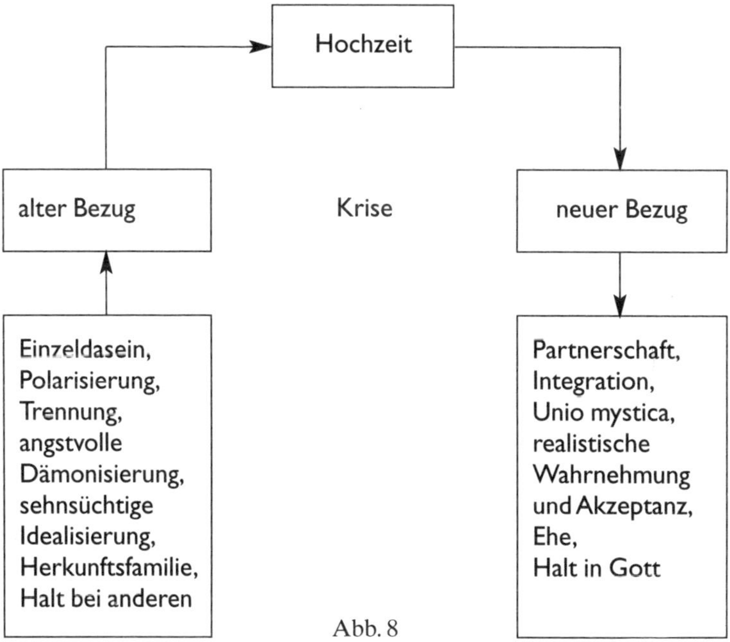

Abb. 8

einer Erlöserfigur, die einem das Leben glücklich machen soll, ist unausrottbar, solange sich Menschen einer unfreundlichen Welt und defizitären Lebensumständen ausgesetzt fühlen. Wenn ich Brautpaare gefragt habe, warum sie heiraten möchten, tauchte in den Antworten immer auch der Wunsch auf: Weil ich jemanden haben möchte, der ganz für mich da ist und mich so liebt, wie ich bin. Das klingt romantisch und ist auch der Stoff unzähliger Romane und Filme, aber es ist eine Erwartung, die unweigerlich enttäuscht werden wird. Unschwer ist in diesem Wunsch der Schmerz des Getrenntseins und der mangelnden Geborgenheit erkennbar, der nach Umsorgtwerden und Aufgehobensein verlangen lässt. »Ohne dich kann ich nicht leben«, klagen dann vom Verlassen Bedrohte, ein Satz, den mit Recht nur Kleinkinder gegenüber ihrer Mutter äußern könnten! Mit großer Weisheit betont daher die Bibel, dass ein Mensch erst Vater und Mutter verlassen müsse, ehe er mit seinem Partner Einheit erfahren könne (Genesis 2,24; Markus 10,8). Damit ist weniger die Gründung eines eigenen Hausstandes gemeint als vielmehr die Notwendigkeit, die einander überfordernden Erwartungen aufzugeben, der Partner/die Partnerin müsse mir Vater und Mutter sein, mir Halt und Geborgenheit geben, mich für lebensgeschichtliche Defizite entschädigen und mir die Welt zum Paradies machen. Ein gutes Maß an Eigenständigkeit und die Bereitschaft, selbst Verantwortung für sich und sein Glück zu übernehmen, bieten eine bessere Voraussetzung für eine gelingende Partnerschaft als kindliche Sehnsüchte, Ängste und Idealisierungen.

Zur Idealisierung der Ehe und der Partner trägt vor allem eine fundamentale Verunsicherung bei, die ich das existentielle Dilemma nenne. Es besteht in der Erfahrung, dass es eine Zeit gab, in der wir noch nicht existierten, und eine Zeit geben wird, in der wir nicht mehr existieren werden. Wie viel Zeit uns dazwischen gegeben ist, ist unbestimmt. Sicher ist allerdings, dass diese Lebenszeit durchgängig von Leid, Krankheit, Unglück, Verlusten, Grenzen und Sinnlosigkeit gefährdet ist. Ob wir uns nun bewusst damit auseinander setzen oder eher unterschwellig – diese Erfahrung schürt Angst und lässt nach Halt und Sicherheit suchen, meist in Garanten, die außerhalb unserer selbst liegen: in materiellen Dingen ebenso wie bei anderen Menschen. Viele wollen das Wesen einer christlichen Ehe auf moralischer Ebene festmachen, etwa in der Verpflichtung, sich dauerhaft aneinander zu binden. Ich glaube, dass das wesenhaft Unterscheidende die gebannte Angst ist, die weder das Leben selbst noch Nähe oder Distanz fürchten muss und den anderen darum in seiner Realität sehen und auch gelten lassen kann. Beide Partner brauchen eine spirituelle Orientierung und entsprechende Erfahrungen, die ihnen helfen, den Tanz des Lebens mit seinem Werden und Vergehen zu bejahen, ohne Sicherheit auf einer Ebene haben zu wollen, auf der es keine Sicherheit gibt, und ohne sich gegenseitig auf den Status quo festlegen zu wollen. Beide Partner brauchen eine spirituelle Orientierung und entsprechende Erfahrungen, durch die sie das Glück nicht voneinander erwarten und daher einander auch nicht überfordern müssen. Beide brauchen auch eine Orientierung, die sie vor Selbstüberforderung bewahrt, denn die Liebe ist letztlich weder ein auf Dauer haltbarer emotionaler Zustand noch ein angestrengtes Sich-Bemühen, sondern die natürliche Auswirkung einer zunehmenden Transparenz für das eigene Wesen. Alles, was moralisch verordnen oder rechtlich regeln will, greift daher zu spät. Über das Schicksal einer Ehe wird vor allem in der Tiefe der Seinserfahrung eines Menschen entschieden.

Wie die anderen Rituale antwortet auch das Ritual der Hochzeit in der archetypischen Szene des Übergangs vom Einzeldasein zur Partnerschaft auf eine Fülle damit verbundener Aspekte und Lernaufgaben, die es in seinen Elementen zum Ausdruck bringt. Die Kirche hat dabei weitgehend ortsübliche

Bräuche und Gewohnheiten akzeptiert und erst im Mittelalter das Jawort vor dem Priester und zwei Zeugen als rechtsverbindliche Form festgelegt.

Die Loslösung

»Wie innen, so außen« lautet eine alte esoterische (auch psychologische) Erfahrung, nach der unsere innere Befindlichkeit und unser Selbst- und Weltkonzept entscheidend beeinflussen, was sich im Außen unseres Lebens konstelliert. Aber auch das Umgekehrte gilt; »wie außen, so innen«, denn äußere Vollzüge beeinflussen auch innere Prozesse. Das weiß jeder, der schon einmal von Aufräumlust gepackt wurde und hinterher erkennen konnte, wie sehr dieses Aufräumen im Außen den Neuanfang im Inneren initiieren und unterstützen sollte. So kann und will auch die äußere Lösung aus dem Elternhaus die innere Ablösung und damit auch das Auflösen der Erwartung, der andere müsse mir Vater und Mutter sein, aufzeigen und in Gang bringen. Das Konzept des Rituals »Vereinigung des Getrennten« geht selbstverständlich davon aus, dass die beiden Partner bis dahin getrennten Lebensbereichen angehören. So ist das erste Element das Herauslösen aus diesen Lebensbereichen und das Zusammenführen der beiden Partner (in patriarchalen Kulturen das Hineinholen der Braut in den Lebensbereich des Mannes). Im Mittelmeerraum begann die Feier im Elternhaus der Braut. Nach einem rituellen Bad und einem Opfer wurde die Braut geschmückt und dann am Abend vom Bräutigam mit seinen Freunden in einem Festzug abgeholt und in sein Haus geführt. Oder der Freund des Bräutigams führte ihm die Braut zu (der Brautführer). Örtlich war es üblich, dass der Vater die Tochter dem Bräutigam übergab, andernorts, dass die Braut vom Schoß der Mutter »geraubt« wurde, so wie in Pubertätsritualen die Heranwachsenden aus dem Haus der Eltern entführt wurden. (Heute findet der »Brautraub« nach der Heirat statt und dient den Freunden des Bräutigams dazu, ein hohes »Lösegeld« in Form zu zahlender Zechen zu erzwingen.) Auch der »Junggesellenabschied« erinnert noch daran, dass mit der Heirat ein Bezugswechsel ansteht, der eine Lösung aus bisherigen Selbst- und Lebenskonzepten erfordert. Heute leben die Brautleute meist schon viele Jahre vor der Heirat zusammen. Dennoch haben sich Relikte der Zusammenführung erhalten, sei es, dass die Braut die letzte Nacht noch einmal in ihrem Elternhaus verbringt oder dass sie zumindest an einem anderen Ort als der Bräutigam für die Feier geschmückt wird. Die Zusammenführung erfolgt dann vor der Kirche. Selbstverständlich »gehört es sich«, dass der Bräutigam zuerst da ist und ihm die Braut dann zugeführt oder übergeben wird! Dann werden beide vom Priester zum Altar geführt (örtlich auch nur die Braut, wenn die Zusammenführung erst vor dem Altar erfolgt). In der Gefahr der Dämonisierung oder Vergöttlichung der Liebe und des jeweils anderen Partners werden sie gemeinsam auf das Wesentliche hin ausgerichtet[24], worin sie Halt und die Grundlage ihres Glückes finden und einander in ihrer Begrenztheit annehmen können.

Die Verbindung

Die zentrale Zeichenhandlung der Hochzeit beginnt mit einer Befragung des Brautpaares und dem gegenseitigen Eheversprechen, wodurch die Freiwilligkeit und Ernsthaftigkeit der Eheschließung öffentlich dokumentiert wird. Anschließend reichen die Partner einander die rechte Hand. Auch dieses Symbol ist wieder voller Bedeutung. Einerseits drückt die offen gereichte Hand die Aufrichtigkeit des Bindungswunsches aus, man »führt nichts in der Hinterhand« – weder real noch symbolisch –, was dem anderen schaden könnte oder soll. Andererseits

seits zeigen die ineinander gelegten Hände die geschlossene Verbindung und das gegenseitige Vertrauen an: Jeder gibt sich dem anderen in die Hand, vertraut sich ihm an und wird ihm anvertraut (Trauung). In alten keltischen Ritualen wurden die beiden Hände mit Fesseln verbunden. Im christlichen Ritual wickelt der Priester seine Stola um die ineinander gelegten Hände und betont damit noch einmal sichtbar die eingegangene Verbindung, die nun von ihm gesegnet wird. Auch das gegenseitige Anstecken der Ringe unterstreicht die Bindung und Endgültigkeit (der Ring ist ohne Anfang und ohne Ende). Danach knien sich die nun Verbundenen, und der Priester legt ihnen die Hand auf und spricht ein längeres Segensgebet: Die beiden vertrauen sich und ihre guten Absichten der geistigen Welt an mit der Bitte, sie in ihrem Werk zu unterstützen – möge alles so werden, wie es dem Wohle aller dient und dem göttlichen Plan für diese beiden Seelen entspricht. Oft schließt sich daran die Eucharistiefeier an, die Feier der Verwandlung und der Einswerdung, die wiederum die gemeinsame spirituelle Aufgabe vor Augen führt und in der Einswerdung der beiden eine Ahnung der Unio mystica erkennt.

Die Wiedereingliederung

Nun verlassen die beiden »Neuvermählten« gemeinsam die Kirche, ihr gemeinsamer Weg beginnt. Aus dem Einzeldasein herausgelöst, in die Aufgabe der Einswerdung eingeweiht, gehen sie nun als Paar in die Zukunft. Manche Bräuche bringen das noch besonders zum Ausdruck. Z.B., wenn das Paar einen Holzstamm durchsägen oder ein Seil durchschneiden oder über einen Besen springen muss: Beim Wechsel vom Status quo zum neuen Leben sind nun einmal »Hürden« zu überwinden, die den einen Erfahrungsbereich vom anderen trennen, und diese Überwindung erfordert gemeinsames Handeln. Reis,

Blüten, Nüsse und Feigen, die über die Eheleute geworfen werden, drücken als alte Fruchtbarkeitssymbole den Wunsch der Mitfeiernden aus, dass auch diese Verbindung fruchtbar werden möge zum Wohle aller. Nicht zuletzt dienen diese Bräuche auch der Auflösung von Spannung und helfen damit, auch die Schwelle vom Sakralen zum Profanen wieder zu überschreiten und sich mit dem Alltag wieder zu verbinden.

Rituale um das Sterben und Begrabenwerden

Wenn es früher an das Sterben ging, wurde der Priester geholt, um den Sterbenden in die andere Welt zu geleiten. Wenn es heute ans Sterben geht, wird eine gewaltige Maschinerie in Gang gesetzt, die den Sterbenden partout zwingen will, hier zu bleiben. Und manch einer muss drei bis vier Anläufe machen, ehe er gehen darf. Der Umgang zwischen Lebenden und Sterbenden ist weithin von Rat- und Sprachlosigkeit geprägt, selbst da, wo Professionelle wie Ärzte und Pflegepersonal die nächsten Bezugspersonen sind. Es fehlt an allgemein geteilten und durch Erfahrung gefestigten Überzeugungen, die eine gemeinsame Haltung dem Tod und dem Sterben gegenüber ermöglichen würden. Der Vorteil der pluralistischen Gesellschaft, die viele Weltanschauungen, Orientierungen und Ideen zulässt und dadurch individuelle Lösungen möglich macht, wird für viele zur Überforderung: Sie vermeiden die Auseinandersetzung mit dem Sterben und finden zu keiner bewussten und durchgearbeiteten Haltung. Und da auch sonst kaum darüber gesprochen wird und im Leben eines Einzelnen durchaus 50 Jahre vergehen können, ehe er zum ersten Mal mit einem Sterbenden in Berührung kommt, fehlt es im Ernstfall an gereiften und deshalb durchtragenden Überzeugungen. Genauso fehlt es an bewährten Verhaltensweisen, auf die man als Sterbender oder Begleiter zurückgreifen könnte. Da der Tod und das Sterben aus dem Leben der Gemeinschaft in Institutionen ausgebürgert wurden, nichts mehr darauf hinweist, dass hier jemand stirbt oder gestorben ist[25], und in der Regel so lange Zeit vergehen kann, ehe wir überhaupt einmal mit einem Sterbenden konfrontiert werden, fehlt es uns im Ernstfall an erlebten Beispielen, die uns als Modell eines bewussten und hilfreichen

Umgangs mit dem Sterben dienen könnten. Stattdessen muss auch in dieser Beziehung jeder seinen eigenen Weg finden. Das aber scheitert meist an der schon erwähnten mangelnden Auseinandersetzung und Vorbereitung, sodass am Ende nur Rat-, Sprach- und Hilflosigkeit bleiben. Um unter anderem genau diese Überforderung an Krisenpunkten des Lebens zu vermeiden, wurden in allen Kulturen Rituale als Beistandssysteme entwickelt, die dem Einzelnen damit ein bewährtes Programm zur Verfügung stellten, auf das er sich in einem solchen Augenblick, in dem der Kopf nicht frei ist, stützen konnte. Doch da lässt uns gerade unsere westliche Kultur im Stich, indem sie weder durchgängig ein Einverständnis mit der Vergänglichkeit unterstützt und fördert, sondern eher die Illusion nährt, dass alles unserem Einfluss unterliegt und zumindest »irgendwann« einmal machbar sein wird, noch uns gesellschaftlich verankerte Hilfen bereitstellt, da alles, was mit Sinnfragen und sinnvollem Umgang mit Lebenssituationen zu tun hat, schon lange privatisiert worden ist. Mit der Umbenennung der im Volksmund so genannten »Letzten Ölung« in »Krankensalbung« und der Trennung dieses Sakramentes vom Zeitpunkt des Sterbens im Zug der konziliaren Liturgiereform hat sich auch die Kirche aus dem Sterbezimmer zurückgezogen. So suchen heute manche in anderen Kulturen Hilfe und Anregungen für einen bewussten Umgang mit dem Sterben, z.B. im Tibetischen Totenbuch. Dabei gab es auch in unserer westlichen Kultur durchaus einen offenen und ritualisierten Umgang mit dem Sterben, von dem wir heute erneut lernen und profitieren können. Sterberituale müssen vor allem folgende Funktionen erfüllen:

a) Sie müssen Sterbende und Zurückbleibende an die Realität des Sterbens heranführen,
b) sie müssen die Trennung der Sterbenden und der Weiterlebenden unterstützen,

c) sie müssen die Seele aus ihrer liebe-, angst- oder sorgenvollen Bindung an das Leben hier und jetzt lösen und sie in ihrem Fortgang (im Sinne von »Weggehen« wie auch »Weiterentwicklung«) unterstützen.

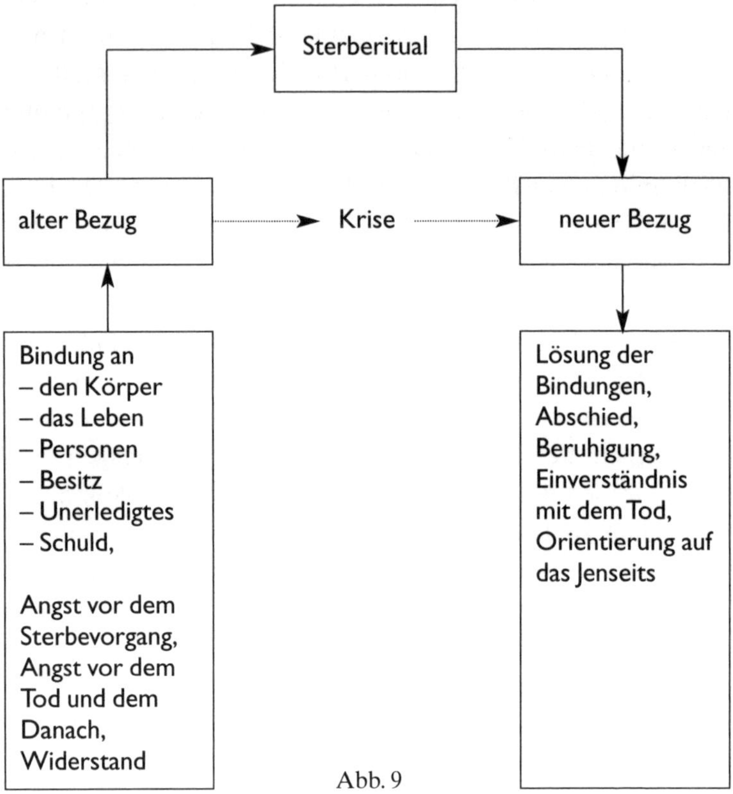

Abb. 9

Ankündigung

Zu Beginn eines Seminars erzählte mir eine Teilnehmerin, eine junge, lebenslustige Frau, dass eine ihrer kleinen Töchter sie nur schwer habe gehen lassen. Sie hätte große Angst gehabt, dass die Mama sterben würde. Wir sprachen dann beiläufig über Trennungs- und Verlustängste, die für bestimmte Entwicklungsphasen typisch seien, ohne diesen kindlichen Ängsten eine direkte Bedeutung zu geben. Während des Seminars entstand bei den Teilnehmern der Wunsch nach Durchführung eines gemeinsamen Rituals. Die junge Frau setzte sich sehr für eine »Krankensalbung« ein. Eine Woche nach Beendigung des Seminars erhielt ich den Anruf, dass diese Frau »völlig unerwartet« an einem Gehirn-Aneurysma gestorben sei. Unerwartet? Gab es nicht die »Ankündigung« im Erleben der Tochter und auch »Vorahnungen« bei der Mutter, die zu dem Impuls führten, unbedingt die Krankensalbung haben zu wollen? Aus anderen Kulturen ist uns dieser Gedanke selbstverständlicher. Von Indianern und Eskimos gibt es Zeugnisse, dass Alte, um ihren bevorstehenden Tod wissend, sich bewusst aus der Gemeinschaft entfernen und einen einsamen Ort aufsuchen, um in Ruhe zu sterben. Aber auch aus unserer Kultur gibt es Berichte darüber, dass der Tod sich ankündigt und bewusst angegangen wird. Auch aus der Begleitung Krebskranker gibt es eindrucksvolle Zeugnisse darüber, dass sich der Tod z.B. in Träumen ankündigt. Bis ins frühe Mittelalter galten der plötzliche Tod und der Tod ohne Zeugen und Zeremonien als hässlicher Tod. Noch die mittelalterliche »ars moriendi«, eine Literaturform, die die Kunst des Sterbens lehren wollte, warnte eindringlich davor, den Sterbenden falsche Hoffnung auf Genesung zu machen. Es sei weniger anstößig und schädlich, den Sterbenden in Angst zu versetzen, als ihn den Tod leugnen und unvorbereitet sterben zu lassen. Stattdessen solle er jegliche Hilfe erhalten, sich mit dem Tod auseinander zu setzen und ihn annehmen zu können. Heute gilt dagegen der plötzliche, überraschende Tod als der wünschenswerte. »Er hat überhaupt nichts gemerkt«, heißt es dann anerkennend und zufrieden. Dabei stirbt die Mehrheit einen langsamen Tod in Form eines multimorbiden Geschehens. An die Stelle der Ahnung des

Sterbenden um seinen baldigen Tod sind schwere Erkrankungen als Ankünder des langsamen Todes getreten. Aber diese Zeit wird nicht genutzt! Und selbst wenn die dem Tod Geweihten und ihre Angehörigen um das bevorstehende Ende wissen, glaubt jede Seite, die andere schonen zu müssen. So kommt es zum gegenseitigen Vortäuschen von Hoffnung. Dadurch aber wird viel an gemeinsamer Vorbereitung, an Nähe, offenem Abschied, Dank, Vergebung und Aufarbeitung »unerledigter« Dinge vermieden und unmöglich. Die Anregungen und Erfahrungen der Hospizbewegung, der Begleitung Aidskranker und der Palliativstationen sorgen hier allerdings allmählich für ein Umdenken. Die Ankündigung des Todes in Form einer persönlichen Ahnung, eines Traumes oder einer Diagnose könnte so wieder zum Auftakt einer prozesshaften und auch ritualisierten Einstimmung werden.

Der Rückblick

Nach alten Zeugnissen veranlasste der Sterbende selbst, dass seine Freunde, Gefährten und Angehörigen um sein Sterbebett versammelt wurden, sobald sich ihm der Tod ankündigte. Das Zeremoniell begann dann mit einem Lebensrückblick, in dem entscheidende Stationen, Ereignisse, Begegnungen und Erfahrungen benannt wurden. In diesem auf wirklich Wesentliches reduzierten Abriss wurde zwar traurig und bedauernd der geliebten Wesen, Dinge und schönen Erfahrungen gedacht, aber ohne Widerspruch zur schlichten Hinnahme des nahen Todes. Es ist nicht nur ein natürliches Bedürfnis, Bilanz zu ziehen, um das eigene Leben würdigen und auch abschließen zu können, die Frage nach der Lebensbilanz drängt sich dem Sterbenden vielmehr unvermeidbar auf. »Soll das alles gewesen sein?«, lautet manchmal die erschrockene Rückschau und manchmal ist es auch der erste ehrliche Blick auf das eigene Leben. Entscheidend sind dabei nicht irgendwelche ungelebten Pläne oder ein Mangel an Haben, sondern ein empfundener Mangel an Sein, der nicht aufgebrachte Mut beispielsweise, eine authentische Entscheidung zu treffen. Angesichts des Todes sind es vor allem zwei Fragen, die die Bilanz bestimmen: Bin ich ich gewesen oder habe ich nur getan, was andere, Trends und Meinungen mir vorgeschrieben haben, und: Habe ich Liebe erfahren und Liebe geben können? Selbst auf dem Sterbebett kann es hier noch zu Korrekturen kommen, zu einem authentischen und freien Selbstausdruck ebenso wie zu liebevollen Gesten und Worten, wie einfühlsame Seelsorger immer wieder berichten. Die »ars moriendi« macht im Zusammenhang des Rückblicks auf eine Gefahr aufmerksam, auf die »Versuchung durch zeitliche Güter«. D. h., alles, was einer in seinem Leben an Besitz und Beziehung erworben hat, kann ihn so stark an das Leben binden, dass er sein Ende nicht akzeptieren und sich nicht auf die jenseitige Dimension einstellen kann. Gegen diese Versuchung hilft natürlich am besten eine lebenslange Vorbereitung, die Vergänglichkeit zu bejahen und damit das Loslassen zu üben. »Nicht anhaften«, lehrt der Buddhismus, und die Gnosis empfiehlt, sich ständig dessen bewusst zu sein, dass wir zwar Nutznießer der Güter dieser Welt sind, aber nicht deren Besitzer.

Abschied von den Gefährten

Nach dem Rückblick dankt der Sterbende seinen Gefährten für ihre Treue und Unterstützung. Er bittet sie um Vergebung für das, was er ihnen angetan hat oder schuldig geblieben ist. Dann verabschiedet er sich von jedem und empfiehlt ihren weiteren Weg der Fürsorge Gottes.

Abschied von der Familie

In gleicher Weise verabschiedet er sich nun mit Dank und der Bitte um Vergebung von denen, die ihm am nächsten gestanden haben. Auch in diesem Zusammenhang benennt die »ars moriendi« eine Gefahr: Die Sorge um das weitere Wohlergehen der Zurückbleibenden und die empfundene Verantwortung für sie können einen Sterbenden ebenfalls so sehr an das Leben hier binden, dass er das Sterben nicht annehmen und sich nicht auf das Kommende vorbereiten kann. Auf den dazugehörenden Bildtafeln zeigt sie deshalb, wie Engel dem Sterbenden durch ein Tuch den Blick auf die Angehörigen verwehren. Auf einem Spruchband heißt es zusätzlich: »Richte deine Aufmerksamkeit nicht länger auf deine Vertrauten, Gott wird sie in Obhut nehmen!« Ich halte es deshalb für sehr wichtig, dass die nächsten Angehörigen einem sterbenden Menschen die »Erlaubnis« geben, zu gehen. Man kann alle empfundene Liebe ausdrücken und jede noch verbleibende Zeit des Zusammenseins dankbar genießen und dennoch deutlich sagen, dass man trotz aller Trauer zurechtkommen wird. Diese »Ent-Bindung« von Verantwortung wirkt oft sehr erleichternd. Oft bedauern Angehörige voller Schuldgefühle, dass sie nur einmal kurz zu Hause oder auf der Toilette waren oder nur kurz einmal eingeschlafen seien, und gerade dann sei der Todgeweihte gestorben. Ich denke, dass er genau diese Lücke »genutzt« hat. Denn das liebevolle Handhalten bei einem Sterbenden hat oft die Qualität von Festhalten. Das Tibetische Totenbuch empfiehlt, einen Sterbenden überhaupt nicht zu berühren, damit seine Aufmerksamkeit nicht auf die Berührung gelenkt werde, sondern sich ganz auf das Scheitelchakra richten könne. Denn wenn der Geist dort aus dem Körper aussteige, sei der Sterbende aus dem Rad der Wiedergeburt befreit. Jedenfalls geht es in diesem Schritt des Rituals darum, die Bindungen aufzulösen. So empfiehlt nun der Sterbende auch seine Familie der Fürsorge Gottes.

Das Schuldbekenntnis

Im nächsten Schritt bekennt der Sterbende in einem Gebet seine Schuld und empfiehlt auch die eigene Seele der Fürsorge Gottes. Jeder ehrliche Rückblick auf das eigene Leben beinhaltet immer auch das Erkennen von Schuld. Ich denke hier nicht an ein landläufiges Sündenverständnis, das sich an der Übertretung von Geboten und Verboten misst, sondern an eine existentielle Schulderfahrung [26], in der sich ein Mensch bedauernd bewusst wird, sich selbst und auch andere Menschen um Chancen sinnvollen und authentischen Lebens gebracht zu haben; Augenblicke, in denen man das eigene Wesen und Wesentliches verfehlt hat; Taten und Unterlassungen, durch die man zur eigenen Entfremdung und auch sonst zur Entfremdung von der kosmischen Ordnung der Liebe beigetragen hat. Menschen mit Nahtoderfahrung berichten unter anderem von einer derartigen Lebensrückschau.

Auch hier macht die »Ars moriendi« auf eine weitere Gefahr aufmerksam: auf die Versuchung durch Verzweiflung. In diesem Augenblick würde einem vom Versucher das gesamte Sündenregister vorgehalten. Die Engel würden jedoch keineswegs die guten Taten dagegenhalten, sondern stattdessen einzig auf die Barmherzigkeit Gottes verweisen und an Petrus, Maria Magdalena und den reuigen Schächer am Kreuz erinnern. Spätestens an dieser Stelle gehe es darum, ob der Mensch sein krankhaftes Grübeln über sein Leben und seine Vergehen aufgeben und sich der Liebe anvertrauen könne. Wenn danach der Tod noch nicht bald eintrat, schwieg der Sterbende. Alles war gesagt und getan, die Kommunikation mit *dieser* Welt war nun beendet.

Die letzte Ölung

Noch im achten Jahrhundert setzten sich die Bischöfe mit Vehemenz für die Letzte Ölung ein, niemand sollte ohne diese Stärkung sterben müssen. Unter Berufung auf den Jakobusbrief (Jakobus 5,14 f.) sollten im Krankheitsfall deshalb auch die Ältesten der Gemeinde hinzugerufen werden, damit sie für den Kranken beten, ihm die Hände auflegen und ihn mit Öl salben könnten. Das Öl ist ein Symbol mit vielfältiger Bedeutung. In vielen Kulturen gilt es als Träger besonderer Kräfte. Besonders das aus Oliven gewonnene Öl war ein Sinnbild der Kraft, da der Olivenbaum selbst auf dürrem Grund Frucht zu tragen vermag. Als Essenz durch einen Pressvorgang und das Aufbrechen der äußeren Schale gewonnen, war es gleichzeitig ein Bild für das durch einen spirituellen Prozess gewonnene Wesen, das ja ebenfalls unter dem sichtbar Erscheinenden entdeckt werden muss. Da das Öl in Lampen brannte, war es außerdem ein Lichtsymbol. Im Hebräischen wird der Begriff für Öl gleich geschrieben wie das Wort für die Zahl Acht. Der Gesalbte (der Messias bzw. Christus) ist dort derjenige, der im Glanz des achten Tages erscheint, also das Leben in Raum und Zeit der Siebentageschöpfung überwunden hat. Nicht zuletzt wurden Ringkämpfer mit Öl gesalbt, um sie für ihren Gegner »unangreifbar« zu machen. So wurden bereits in der gnostischen Bewegung am Anfang des Christentums Sterbende mit Öl gesalbt, um sie vor den Angriffen übel wollender Mächte auf ihrer nachtodlichen Himmelsreise zu schützen. Im Laufe der Kirchengeschichte wurden verschiedenste Partien des Körpers gesalbt, vor allem Schmerzstellen, die Brust, die Sinnesorgane, die Füße und die Hauptchakren. Heute sind es noch die Stirn und die Innenseiten der Hände. Der so genannte »Versehgang« umfasst als Ritual im Angesicht des Todes das Schuldbekenntnis (eventuell in Form einer persönlichen Beichte), das Glaubensbekenntnis, die Salbung mit Öl und die Kommunion als Stärkung (Wegzehrung) für den nun anstehenden Weg und erinnert damit wenigstens noch in Resten an das große Ritual zur Sterbevorbereitung. Für den Fall der Wiedergenesung nach dem Empfang der Letzten Ölung galt übrigens im Mittelalter, dass der Genesene auf Fleisch, Geschlechtsverkehr, Tanz und Eid verzichten musste: Er galt als ein aus dem Jenseits Wiedergekehrter, der der Welt bereits gestorben ist.

Sterbegebete

Das Tibetische Totenbuch ist eine Anleitung zur Meditation, die bereits im Leben geübt werden soll. Ganz besonders aber soll sie Sterbenden während ihres Sterbens und die 49 Tage nach ihrem Tod vorgelesen werden, um sie über die Aufgaben und Prüfungen zu informieren, die nun auf den Geist zukommen, und sie so durch die verschiedenen Stadien des nachtodlichen Weges zu begleiten. Auch die spirituelle Bewegung der Gnosis, die aus und mit dem Christentum entstand[27], hat für das Sterbesakrament eine Art Katechismus entwickelt, der den Sterbenden vorgelesen wurde, um deren Seele für den Aufstieg nach dem Tod zu rüsten. Dazu gehörten Schlüsselwörter, die als richtige Antworten auf die Fragen der Dunkelmächte (die Archonten), die sich der Seele bemächtigen wollen, den Weg zum Aufstieg frei machten, z.B.:

Wenn du in ihre Gewalt kommst, wird einer von ihnen, der ihr Aufseher ist, zu dir sagen: »Wer bist du und woher stammst du?« Du sollst zu ihm sagen: »Ich bin der Sohn und stamme vom Vater.« Er wird zu dir sagen: »Was für eine Art Sohn bist du, und zu welchem Vater gehörst du?« Du sollst ihm sagen: »Ich stamme vom präexistenten Vater, und ich bin ein Sohn des Präexistenten.« Wenn er ferner zu dir sagen wird: »Wohin willst du gehen?«, so sollst du ihm antworten: »Zu dem Ort, von dem ich gekommen bin, dorthin werde ich zurückkeh-

ren.« Wenn du aber diese Dinge sagst, wirst du ihren Angriffen entkommen.
(Apokalypse des Jakobus, NHC V 3; 33,11 ff.)

Jesus sagte: »Wenn sie zu euch sagen: ›Woher kommt ihr?‹, dann sagt zu ihnen: ›Wir kommen aus dem Licht.‹ Wenn sie zu euch sagen: ›Wer seid ihr?‹, dann sagt zu ihnen: ›Wir sind seine Söhne, und wir sind die Erwählten des lebendigen Vaters.‹ Wenn sie euch fragen: ›Welches ist das Zeichen eures Vaters in euch?‹, sagt zu ihnen: ›Es ist Bewegung und Ruhe.‹«
(Thomasevangelium, NHC II 2; 41,3 ff.)

Der Herr hat mir offenbart, was die Seele sagen muss, wenn sie in den Himmel aufsteigt, und wie sie einer jeden der oberen Mächte antworten muss, nämlich folgendermaßen: »Ich habe mich selbst erkannt«, sagt sie, »und habe mich selbst von überall her gesammelt; ich habe keine Kinder für den Archonten gegeben, sondern habe seine Wurzeln ausgerissen und habe die zerstreuten Glieder gesammelt. Und ich weiß, wer du bist. Denn ich«, sagt sie, »gehöre zu denen von oben.« Und so wird sie freigelassen.
(Philippusevangelium bei Epiphanius, Epiphan. haer. 26,13)[28]

Auch das offizielle katholische Ritual sieht Lesungen aus der christlichen Bibel, aus den Psalmen der jüdischen Bibel und Gebete vor, die den Sterbenden begleiten sollen, z. B.

Mache dich auf den Weg, N.N., im Namen Gottes, des allmächtigen Vaters, der dich erschaffen hat; im Namen Jesu Christi, des Sohnes des lebendigen Gottes, der für dich gelitten hat; im Namen des Heiligen Geistes, der über dich ausgegossen worden ist. Heute noch sei dir im Frieden deine Stätte bereitet.

Lieber Bruder (Liebe Schwester), ich empfehle dich dem allmächtigen Gott. Ihm vertraue ich dich an, dessen Geschöpf du bist. Kehre heim zu deinem Schöpfer, der dich aus dem Staub der Erde gebildet hat. Wenn du aus dem Leben scheidest, eile Maria dir entgegen mit allen Engeln und Heiligen. Christus befreie dich, der für dich den Tod erlitten hat; Christus, der Sohn des lebendigen Gottes, gebe dir Wohnrecht in seinem Paradies. Der wahre und gute Hirt erkenne dich an als sein Eigen.

Kommt herzu, ihr Heiligen Gottes, eilt ihm entgegen, ihr Engel des Herrn. Nehmt auf seine Seele und führt sie hin vor das Antlitz des Allerhöchsten.[29]

Alle diese Texte und Gebete gehen von einem Prozess aus, den die Seele nach dem Tod durchläuft und den sie unterstützen wollen. Damit bilden die Sterbegebete bereits eine Überleitung zu den Begräbnisritualen, denn eine von deren Funktionen besteht darin, die Seele aus der irdisch-materiellen Dimension in die geistige Welt hinüber zu leiten und sie in ihrer nachtodlichen Reifung zu unterstützen. Ich empfehle, sich schon frühzeitig Gedanken zu machen und auch offen das Gespräch darüber zu suchen, was im Sterbefall an begleitenden Zeremonien gewünscht wird: welche religiösen Symbole (Ker-

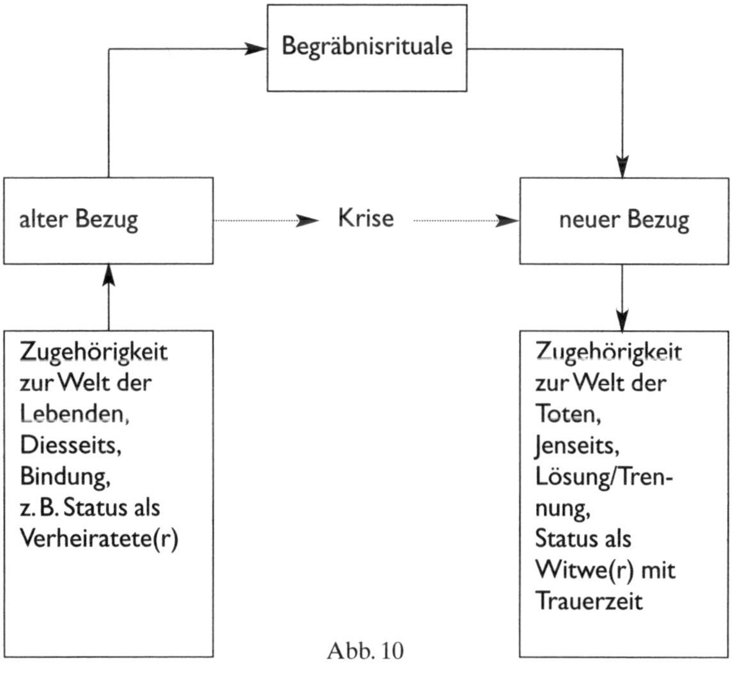

Abb. 10

ze, Kreuz) und welche Bilder (der spirituell bedeutsamen Personen, Christus-Darstellung z.B.) in Sichtweite sein sollen, ob es leise Musik geben soll und welche spirituell bedeutsamen Texte und Gebete vorgelesen werden sollen.

Begräbnisrituale richten sich einerseits auf den Verstorbenen, dessen Übergang aus der Welt der irdisch-materiellen Existenz in die geistige Welt sie helfend begleiten wollen, und andererseits auf die Zurückbleibenden, deren Trauer- und Lösungsprozess sie fördern müssen. Dabei sind für sie neben den bekannten psychologischen, sozialen und spirituellen Funktionen folgende Aspekte wesentlich:

a) *Sie bieten der Seele des Verstorbenen ein Weggeleit, um sie aus der Welt der Lebenden wegzuleiten.*
Alle Kulturen gehen davon aus, dass sich die Seele noch Tage nach dem Tod im Umkreis der Leiche aufhält. Deshalb ist es wichtig, ihr die Lösung aus ihrem bisherigen Status zu ermöglichen und die Welt der Lebenden deutlich von der Welt der Verstorbenen zu trennen. Daraus spricht aber auch Angst vor der Wiederkehr und möglichen Untaten der Verstorbenen. Deshalb »über die Toten nichts, wenn nicht im Guten«, denn sie könnten sich ja rächen.
Die Toten wurden bis zum Begräbnis »bewacht« (Totenwache) und dann mit den Füßen zuerst aus dem Haus getragen, damit ihr Blick nicht zurückfiel. Mancherorts gab es dafür eine eigene Klappe in der Hauswand, andernorts wurde die Leiche vor dem Haus mehrfach gedreht, um sie zu verwirren, oder über einen Fluss getragen (»Grenzwasser«). Der Leichnam wurde in der Erde versenkt und mit Erde bedeckt, ein Grabstein als Beschwerung obenauf. Vom Grab entfernten sich die Verwandten rückwärts gehend, damit sich der Verstorbene ihrer nicht von hinten bemächtigen konnte.

b) *Sie sorgen sich um den weiteren Weg der Seele.*
In römischer Zeit wurde deshalb den Verstorbenen eine Münze in den Mund gelegt, damit sie die Überfahrt über den Unterweltfluss bezahlen konnten. Auch Essensbeigaben oder die Beilegung von Kleidung, Schmuck und Waffen zeugen von dieser Sorge. Auch die Tötung des gesamten Gefolges einschließlich der Witwe geschah aus diesem Grund.

c) *Sie bieten Unterstützung für die nachtodliche Reifung.*
Jeder Übergangsprozess braucht Zeit, zumal man sich den Aufstieg der Seele als Weg durch sieben Sphären, Aufgaben oder Stadien vorstellte, die der weiteren Entwicklung der Seele dienten. Das wird auch in zeitlichen Vorgaben für die Totenrituale deutlich. Viele Kulturen kennen die »doppelte Beerdigung«, bei der der Leichnam zunächst nur vorläufig irgendwo untergebracht wird, ehe er endgültig beigesetzt wird.[30] In der christlichen Tradition gibt es das so genannte »Sechswochenamt«, ein Gedenkgottesdienst sechs Wochen nach der Beerdigung (jetzt ist die Seele an ihrem Bestimmungsort angekommen), und das »Jahrgedächtnis« ein Jahr später, mit dem dann die offizielle Trauerzeit endete. Die bereits erwähnten Totenbücher wie das ägyptische Amduat oder das Tibetische Totenbuch oder die christliche »Ars moriendi« sind voller Anleitungen für die nachtodlichen Reifungsprozesse. Für die Toten kann man dadurch etwas tun in Form von Fürbitten oder stellvertretenden Sühnehandlungen und damit ihren Weg fördern.

d) *Sie unterstützen die Trauernden und ermahnen die Lebenden.*
Mit den Aufgaben, den Toten herzurichten, ihn einzusargen und aufzubahren, schließlich den Sarg zu verschließen und ihn dann in der Erde zu versenken, unterstützen sie einen schrittweisen Vollzug der Ablösung von dem Verstorbenen. Das Ritual schafft Zeiten für den Ausdruck der Gefühle

(etwa indem die Ansprache oder die Musik zu Tränen rühren) und setzt ihnen gleichzeitig Grenzen (durch den Fortgang des Rituals).[31] Durch besondere Trauerkleidung oder Kennzeichnung des Trauerhauses wird den Trauernden für die begrenzte Zeit eines Jahres ein besonderer Status zuerkannt, der ihnen Schonung vor den sonst üblichen sozialen Ansprüchen gewährt. Als begrenzte Zeit ist sie zugleich Zusicherung, die Zurückbleibenden wieder in die Welt der Lebenden zu integrieren. Als öffentlich durchgeführtes Ritual ist das Begräbnis eine beständige Erinnerung und Ermahnung, die Endlichkeit des Lebens zur Kenntnis zu nehmen und das Leben angesichts des Todes in der richtigen Weise zu gestalten. So wird noch heute im Verlauf des katholischen Begräbnisses »für den aus unserer Mitte« gebetet, »der dem Verstorbenen als Nächster vor das Angesicht Gottes folgen wird«. Was manche als anstößig empfinden, ist letztlich eine wichtige Erinnerung: Bedenke, dass du sterben musst und dass der Tod dich jederzeit ereilen kann! Denn was würdest du ändern, wenn du wüsstest, dass du nur noch kurze Zeit zu leben hättest?

Die Totenwache

Schon oft habe ich erlebt, dass Angehörige so bald wie möglich die Leiche aus dem Haus haben wollten, und es bedurfte manchmal des guten Zuredens des Bestatters und des Seelsorgers, sich doch noch eine Zeit des Abschieds zu gönnen. Neben der Angst vor Toten sehe ich auch darin einen weiteren Hinweis auf die Hilflosigkeit, mit Emotionen und der Realität des Todes umzugehen. In traditioneller geprägten Gegenden ist es dagegen auch heute noch guter Brauch, den Leichnam zu Hause aufzubahren.[32] Dazu wird dieser zunächst hergerichtet, indem er ganz oder teilweise gewaschen oder mit duftenden

Ölen gesalbt wird. Eine wunderbare Gelegenheit, dem Körper, der so lange als Gefäß für einen kostbaren Inhalt (die Person, die Anwesenheit des Göttlichen) gedient hat, die letzte Ehre zu erweisen und damit gleichzeitig noch einmal alle empfundene Liebe und Fürsorge und Dankbarkeit auszudrücken. Außerdem macht ein solcher Akt einen zum Handelnden, der etwas tun und ausdrücken kann, denn nichts ist schlimmer als untätige Erstarrung, da sie leicht in Depression und Verzweiflung führt. Danach wird der Leichnam angekleidet, z. B. mit einem Kleidungsstück, das die/der Verstorbene gerne getragen hat und Ausdruck seiner Persönlichkeit ist, oder mit einem schlichten Totenhemd. Mancherorts war es üblich, einer verstorbenen Ehefrau wieder das Brautkleid anzuziehen, nun war sie eine Braut des Himmels, dem sie jetzt angetraut wurde. So kann nun der Verstorbene auf dem Bett, einer Liege oder im offenen Sarg aufgebahrt werden. Blumen und Kerzen schaffen eine sakrale Atmosphäre. Früher bat nun der »Leichenbitter« zur Leiche, damit alle eine Gelegenheit hatten, vom Verstorbenen Abschied zu nehmen. Auch zur Totenwache, der betenden und meditierenden Anwesenheit bei der Leiche, gehören das Verlesen spiritueller Texte sowie Fürbitten für das Wohlergehen des Verstorbenen und der Angehörigen. Außerdem sollte den Abschiednehmenden auch eine Zeit allein mit dem Toten gewährt werden, damit sie ihrerseits gegenüber dem Verstorbenen noch etwas sagen und ausdrücken können (die Seele ist ja noch anwesend). Die vielen Gespräche, die sich durch den Besuch im Trauerhaus ergeben, tragen dazu bei, Gefühle freizusetzen, Verständnis zu erzeugen und das Leben des Verstorbenen zu würdigen. Nach Ablauf der Aufbahrungszeit wird der Leichnam in den Sarg gelegt und der Sarg nunmehr fest verschlossen, ein wichtiger Ausdruck dafür, die Realität des Todes und des Abschieds zur Kenntnis zu nehmen. Ich finde es sehr bedauerlich, wenn all diese liebevollen Vorgänge an Professionelle delegiert werden und es stattdessen zur schnellen »Entsorgung« der Leiche oder zur »Organausschlachtung« kommt und wir uns damit um wesentliche Möglichkeiten der Achtung und der emotionalen Verarbeitung bringen.

Das Begräbnis

Alle Bestattungsformen sprechen von der Überzeugung, dass der Tod Übergang in eine andere Form der Existenz ist. Bei der Erdbestattung wird der Leichnam darum gleichsam in den Schoß der Mutter Erde gelegt, damit er dort heraus wiedergeboren werden kann. In manchen Kulturen wurde erst mit Sonnenuntergang begraben, das Gesicht des Toten Richtung Osten zum Sonnenaufgang gewendet, um die Erwartung des neuen Lebens auszudrücken. In anderen Kulturen wurden die Toten in Hockstellung oder Fötalhaltung begraben, im Sarg liegen sie in Schlafhaltung auf einem Kissen. Ob Geburts- oder Schlafsymbolik, es ist Ausdruck der Erwartung von etwas Neuem. Die Feuerbestattung betont dagegen die Transformation: Die Hülle wird aufgelöst; in der himmelwärts lodernden Flamme zieht die Seele durch das lodernde Sonnentor zu ihrem Sitz im Heldensaal. Bei der Wasserbestattung schließlich wird der Leichnam dem ewigen Fluss von Werden und Vergehen übergeben.

Meist beginnt das Begräbnis in unseren Breiten mit einer Trauerfeier in der Friedhofskapelle. Ein biblischer Text, fürbittende Gebete für den Verstorbenen, eine Ansprache, die das Leben des Verstorbenen würdigen und das Sterben aus dem Glauben heraus deuten soll, sowie Musik gehören dazu. »Effizienzüberlegungen« der Kommunen zwingen heute zu einem 20-Minuten-Takt, der nicht mehr viel Spielraum für eine würdige Gestaltung übrig lässt. Deshalb empfehle ich auch andere Orte und Formen, einen Ort z.B., der dem Verstorbenen viel bedeutet hat, oder einen Saal einer öffentlichen Einrichtung, wo Zeit bleibt, in Ruhe das Leben des Verstorbenen zu erinnern und zu würdigen (z.B. auch durch Erzählungen von Freunden und Angehörigen, eventuell mit Hilfe von Bildern), tröstende und deutende Texte aus spirituellen Traditionen zu hören und zu meditieren, Musik zu erleben, persönliche Gedanken in ein Kondolenzbuch einzutragen und ein Rituell durchzuführen, das Bezug zum Verstorbenen oder zur eigenen Überzeugung der Zurückbleibenden hat.

Das Grab wird zunächst mit Weihwasser gesegnet und damit aus seiner Profanität heraus zu einem sakralen Ort und Symbol gemacht. Dann wird der Sarg in das Grab abgesenkt.[33] Ein provisorisches Kreuz, das über dem Grab aufgerichtet wird, erinnert noch vage an die »Weltenachse«, die Himmel und Erde verbindet, und an die »Himmelsleiter«, mit deren Hilfe die Seele ihren Aufstieg beginnen soll. Erde wird von den Teilnehmenden auf den Sarg geworfen und damit wird das »Beerdigen«, das Zudecken des Grabes begonnen. Der Klang der auf den Sarg fallenden Erde betont noch einmal die Realität des Todes. Ich würde mir wünschen, Angehörige und Freunde könnten sich noch am Zuschaufeln des Grabes beteiligen und damit wirklich das Letzte auch zu Ende bringen.

Das Totenmahl

Vielfach ist es Brauch, anschließend alle Teilnehmenden zu einer kleinen Mahlzeit einzuladen. Dieser Brauch hat eine wichtige Funktion für die Trauernden, denn er bedeutet eine allmähliche Wiederverbindung mit der Welt der Lebenden. Anfangs ist noch betroffene Stille, doch dann wird auch wieder erzählt, zunächst noch über die Umstände des Sterbens, das gerade erlebte Ritual, und dann kommen auch Anekdoten aus dem Leben des Verstorbenen. Schließlich geht es sogar wieder um Alltagsdinge (auch das eventuelle Aufteilen des Nachlasses gehört dazu): Der Alltag hat einen wieder, das Leben geht weiter!

Übergänge selbst gestalten: Ritualbeispiele

Elemente zur Eröffnung

Die Vorbereitung

Von ihren Priestern erwarten viele Gemeinden, dass sie im S-Bahn-Takt zu allen möglichen Zeiten an allen möglichen Orten für alle möglichen Zielgruppen Gottesdienste anbieten – dass sie eben Kundenorientierung beweisen. Bis zur letzten Sekunde vor Gottesdienstbeginn finden dann in der Sakristei noch letzte organisatorische Absprachen statt. Ich erwarte dagegen von allen, die Rituale leiten und begleiten[34], dass sie Innenorientierung beweisen – und die braucht Zeit! Ein Schamane bereitet sich tagelang auf ein Ritual vor, in der Schwitzhütte vollzieht er dann noch die persönliche Reinigung, das Abstreifen der Alltagsbelastungen und anderer negativer Energien und die Öffnung der Kanäle, ehe er das Ritual durchführt. Vor jeder Moschee steht ein Brunnen, an dem genau vorgeschriebene Waschungen durchzuführen sind. Ich habe oft erlebt, dass Patienten dann, wenn sich grundlegende Haltungen in ihnen verändern, zu Hause aufzuräumen beginnen; sie werfen Altes weg und stellen Möbel um. Die inneren Vorgänge drängen geradezu nach einer Darstellung im Äußeren und der äußere Vollzug des Aufräumens hilft umgekehrt, sich im Inneren neu zu ordnen. So erlebe ich auch derartige Reinigungsvorgänge: Der äußere Vollzug, bewusst und achtsam durchgeführt, schafft die Parallele in der Seele. Ein Ritual muss deshalb nicht nur organisatorisch gut vorbereitet sein – es ist ärgerlich und störend, wenn Utensilien fehlen oder der Verlauf nicht klar ist –, sondern auch innerlich: Der Kopf muss frei, dass Herz offen, die Dramaturgie verstanden und die Konzentration auf die Welt des Wesentlichen gerichtet sein. Ritualisierte Gewohnheiten wie Duschen, Kleiderwechsel, Meditation können auch hier als äußere Hilfen die Einstimmung erleichtern.

Auch die Teilnehmenden sollten sich Zeit nehmen, sich auf ein Ritual vorzubereiten. Früher war schon der Weg, der zum Kultplatz zurückzulegen war, auch ein Weg nach innen. Heute ist es üblich, bis zum Beginn des Gottesdienstes miteinander zu reden. Es ist ja auch in Ordnung, dass die, die ein Ritual miteinander feiern, auch zueinander in Kontakt treten. Aber spätestens mit dem Beginn müssten Hilfen zur Wendung nach Innen erfolgen. Wenn ich Gelegenheit habe, Rituale im Rahmen eines Seminars durchzuführen, dann empfinde ich die vorangehende lebensgeschichtliche Arbeit als eine Art Tempelreinigung, durch die das, was uns an Verletzungen, Stimmungen und Mustern besetzt hat, vertrieben werden kann. Intensive Körperarbeit zur Vertiefung der Selbstwahrnehmung, das gemeinsame Herrichten des Raumes, Duschen und Umkleiden sind weitere selbstverständliche Vorbereitungsschritte auf die Durchführung des Rituals.

Das Herrichten des Raumes

Ein Ritual kann grundsätzlich überall durchgeführt werden, ob im Freien oder in einem Raum, wenn der Platz oder Raum entsprechend hergerichtet wird, so dass er die Introversion unterstützt. Ein ausgelegter Steinkreis kann beispielsweise im Freien die Grenze zwischen profaner Alltagswelt und rituellem Raum markieren – auch als Hilfe für unsere Sinne. So habe ich schon wunderbare Rituale an einer alten Quelle in Frankreich durchgeführt. Im Raum kann man eine Konzentration erreichen, indem symbolisch die Mitte gestaltet wird, um die herum sich alle gruppieren: einige in Kreisform ausgelegte Tücher, eine Schale mit Wasser, Blüten und Schwimmkerzen oder ein Blumengesteck und eine Kerze. Eine solche Gestaltung betont und unterstützt die Hinwendung zur eigenen Mitte. Man kann den Raum aber auch ausrichten, indem an einer Wand ein Altar gestaltet wird, auf dem die benötigten rituellen Gegenstände liegen, Kerzen und Blumen arrangiert sind sowie Bilder oder Symbole, die der spirituellen Anregung dienen. Eine solche Gestaltung betont und unterstützt die gemeinsame Ausrichtung auf das Göttliche. In meinem Meditationsraum steht der Altar in einem Erker, auf der Altardecke sind die Zentralsymbole der großen Weltreligionen abgebildet (die heilige Silbe OM, das Rad der Wiedergeburt, das gleichschenklige Kreuz, der siebenarmige Leuchter und die Mondsichel) als Ausdruck unserer Überzeugung, dass es letztlich egal ist, von welcher Basis ausgehend man einen spirituellen Pfad beschreitet – wenn man ihn beschreitet, wird er in eine alle verbindende Erfahrung des Göttlichen führen. Auf dem Altar gibt es jeweils ein Arrangement aus Blumen und Kerzen. Links neben ihm steht die Osterkerze, rechts ein jahreszeitlich geschmückter Kerzenständer mit vielen Kerzen, die von den Teilnehmenden angezündet werden. Da ich oft auch in fremden Räumen Rituale durchführe und nie weiß, was dort vorher stattgefunden hat und welche Energien dadurch dort noch wirken, habe ich es mir angewöhnt, jeden Raum durch Anwendung des Reiki-Kraftsymboles zu reinigen. Eine solche Reinigung kann auch durch Räucherwerk erfolgen. Selbstverständlich, dass nicht benötigter Alltagskram aus einem solchen Raum entfernt und derselbe festlich geschmückt wird, was oft mit wenigen und auch schlichten Mitteln zu bewerkstelligen ist.

Die Eröffnung

Wenn alle anwesend sind, sich miteinander ausgetauscht haben, die notwendigen Informationen gegeben und die erforderlichen Absprachen getroffen sind, beginne ich meine Rituale, die ich auf dem Hintergrund des jesuanischen spirituellen Pfades feiere, »im Namen des Vaters und des Sohnes und des Heiligen Geistes«. Dem folgt ein längerer, mehrstimmig gesungener Liedruf (Mantra), während dessen alle Teilnehmenden ein Licht anzünden und so immer mehr innen und außen den sakralen Raum schaffen. Ein Gongschlag eröffnet dann eine längere Zeit der stillen Meditation, die mit einem erneuten Gongschlag oder Ton einer Klangschale beendet wird. Viele gehen in dieser Phase in eine Art »Mohammedaner-Haltung« als rituelle Geste dafür, dass wir uns vor dem Größeren neigen, nach dem wir auf der Suche sind. Gleichzeitig »zwingt« diese Haltung zur Bauchatmung, die wiederum für die Meditation förderlich ist. Außerdem war das Zu-Boden-werfen seit jeher im Ritual eine Art symbolische »Erblindung«, um sich von den Außeneindrücken zu lösen und für die inneren Wahrnehmungen offen zu machen. Wieder einmal zeigt sich, dass ein Symbol ein Gefäß ist, das einen unendlichen Inhalt transportieren kann – wie diese Geste, die so viel ausdrückt und bewirkt. Bis hierher geht es in der Eröffnung um die Bereitung der Teilnehmenden.

Die Einladung an die geistige Welt

Da es aber im Ritual wesentlich um die Eröffnung eines Raumes geht, in dem die geistige Welt wirksam werden kann, folgt nun die Einladung an die geistige Welt. Das kann z. B. ein schlichtes Gebet sein:

> *Ihr guten Geister Gottes, ich danke euch, dass ihr allezeit um uns seid, um uns zu helfen. Ich bitte euch nun besonders um eure Hilfe, damit wir das Göttliche in uns immer mehr entfalten können. Und ich lade euch ein, mit uns die Quelle aller Liebe zu preisen und den, der uns von ihr Kunde gebracht hat: Jesus, unseren Bruder und Meister. Amen. Möge alles so werden, wie es dem Wohle aller dient und dem göttlichen Plan für unsere Seelen entspricht.*

Ich ergänze diese Einladung meist im Stillen durch die Anwendung der Reiki-Symbole und ihrer Mantras zugunsten aller Anwesenden und aller, die uns in Liebe verbunden sind, sowie aller, die um Fürbitte gebeten haben.

Eine andere Möglichkeit, die ich gerne anwende, ist die folgende angeleitete Engelmeditation. In allen Kulturen werden mit den Himmelsrichtungen bestimmte Kräfte verbunden. Die Art der Kräfte und ihre Bezeichnung oder Personifizierung sowie die ihnen zugeordneten Symbole sind kulturell unterschiedlich. Im jüdisch-christlichen Umfeld sind es vier Erzengel. Letztlich ist wiederum egal, wie diese Kräfte angesprochen werden, wichtig ist allein ein Verständnis für ihre zeit- und kulturübergreifende Wesenheit.

Richte deine Aufmerksamkeit auf den Raum vor dir, auf das östliche Tor deines Körpertempels. Bitte um die Gegenwart des Erzengel Uriel, dessen Name »Licht Gottes« bedeutet. Achte auf alles, was dir von dieser Gegenwart auffallen mag. Mach dir deine aktuelle Situation bewusst, und überlege dir insbesondere, in welchen Lebensbereichen du mehr Klarheit benötigst. Bitte Uriel darum, dass er dir bei etwaigen schwierigen Entscheidungen hilft …
Richte nun deine Aufmerksamkeit nach rechts, auf das südliche Tor deines Körpertempels. Bitte um die Gegenwart des Erzengels Gabriel, dessen Name »Gottes Stärke« bedeutet. Achte auf alles, was dir von dieser Gegenwart auffallen mag. Gabriel ist der Engel, der uns hilft, Angst zu überwinden, auf dass es uns möglich werde, unsere schöpferischen Gaben zum Wohle aller Geschöpfe hervorzubringen. Mach dir deine aktuelle Situation bewusst und bitte darum, dass dir die Angst genommen und dir dabei geholfen werde, deine schöpferischen Kräfte zu verwirklichen …
Richte nun deine Aufmerksamkeit nach hinten, auf das westliche Tor deines Körpertempels. Bitte um die Gegenwart Raphaels, dessen Name »Heiler Gottes« bedeutet. Achte auf alles, was dir von dieser Gegenwart auffallen mag. Mach dir deine aktuelle Situation bewusst und überlege dir vor allem, welcher emotionalen, physischen oder spirituellen Heilung du bedarfst. Bitte Raphael um diese Heilung. Denke auch darüber nach, inwieweit du selbst anderen Heilung schenken

könntest, und bitte, dass dir bei diesem Werk Hilfe zuteil werden möge…
Richte nun deine Aufmerksamkeit nach links, auf das nördliche Tor deines Körpertempels. Bitte um die Gegenwart des Erzengels Michael, dessen Name »gleich wie Gott« bedeutet. Michael ist die reine Gegenwart der Liebe, Vergebung und Weisheit. Achte auf alles, was dir von dieser Gegenwart auffallen mag. Mach dir deine aktuelle Situation bewusst und überlege dir insbesondere, in welchen Bereichen deines Lebens mehr Liebe oder Vergebung strömen sollte. Bitte auch um alle Einsichten oder Erkenntnisse, deren du bedürfen könntest…

Diese Anrufung lässt sich gut ergänzen durch das Anzünden jeweils einer Kerze zu den vier Himmelsrichtungen hin oder um je eine symbolische Gabe an diese vier Kräfte.

Mit Daan van Kampenhout bin ich der Meinung: »Kräfte anzurufen, die du gerne bei deinem Ritual dabei haben möchtest, ist im Grunde ganz einfach… Genauso, wie du beim Planen einer Geburtstagsparty dafür sorgst, dass alle Gäste eine Einladung erhalten, musst du bei der Planung eines Rituals dafür sorgen, dass alle Kräfte eine Einladung bekommen. Das kann mit lauter Stimme geschehen, durch Flüstern, im Stillen oder in Form eines Liedes. Es gibt eigentlich keinen Unterschied zwischen dem Einladen eines Freundes oder eines Geistes, in beiden Fällen musst du deutlich machen, warum, wann, wo und wie lange er gebraucht wird…

Als nächstes solltest du der Kraft mitteilen, weshalb du sie gerne bei deinem Ritual dabei haben willst und warum du ihre besonderen Stärken so schätzt… Und vergiss nicht, ihr im Voraus für ihre Anwesenheit zu danken. Hast du alles soweit geklärt, bringe der Kraft eine Opfergabe dar… eine Frucht, einen Augenblick der Stille, den du dazu benutzt, dich in Gedanken mit der angerufenen Kraft zu befassen, ein paar Wassertropfen, ein Lied oder eine Geste… Das Wesentliche dabei ist, dass du der angerufenen Kraft etwas schenkst, das deine Dankbarkeit ausdrückt.«[35]

In der Regel singen wir im Anschluss an die Einladung eine Zeit lang ein mehrstimmiges Kyrie, eine gesungene Bitte um helfende Intervention, der ein weiteres Gebet folgen kann:

Gott[36]*, dich will ich suchen, zu dir will ich kommen, durch dich will ich wachsen und gedeihen.*
Vor dir will ich schweigen, vor dir will ich mich erforschen und meine Wege bedenken.
Dir, Herr, will ich mich öffnen, jetzt und ganz.

Zentrale Zeichenhandlungen

Rituale sind eine symbolische, brennpunktartig zusammengefasste Vorwegnahme anstehender Entwicklungsprozesse, die den erforderlichen Bezugswechsel auf der spirituellen Ebene initiieren, damit er auch auf der emotionalen und materiellen Ebene erfolgen kann. In ihrem Zentrum steht daher eine Zeichenhandlung, eine Kombination aus Bewegung, Sprache, optischen, haptischen und olfaktorischen Elementen, die mit archetypischen Mustern korrespondieren und so in der Lage sind, über das Erleben Ordnung in der Tiefe der Seele zu schaffen. Urszenen, die kultur- und zeitübergreifend als bedeutsame Erfahrungen empfunden worden sind, wurden zu Symbolen verdichtet und in einen Mythos ausgestaltet, eine Art kollektiver Traum, der diese Erfahrungen bildhaft erzählt, sowie in einen Ritus, den man gleichsam als psychodramatische Aufführung des Mythos verstehen kann (s. Abb. 11). Die großen Rituale arbeiten daher überall auf der Welt mit ähnlichen Ele-

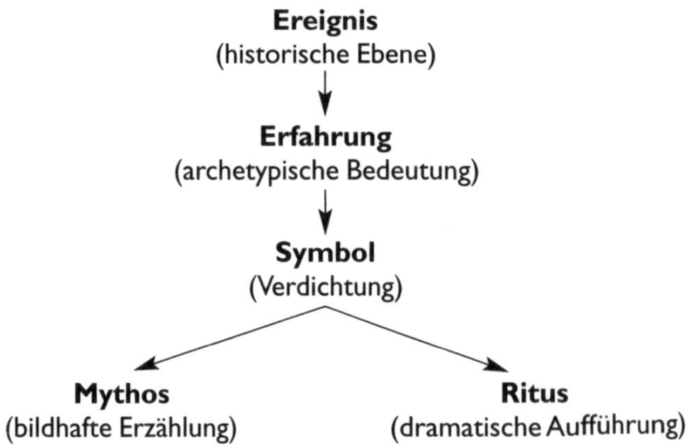

Abb. 11

menten, die als Ergebnis kultureller Wachstumsprozesse genau zu den archetypischen Szenarien passen. Wenn wir daneben neue Rituale entwickeln, die kultur- und zeitbedingte oder ganz individuelle Szenarien begleiten sollen, fehlt ihnen möglicherweise diese Tiefendimension, da es sich hier eher um bewusste Setzungen handelt, um Zeichen, die etwas bedeuten *sollen*, und nicht um archetypische Symbole. Umso mehr müssen wir uns vor einer Banalisierung hüten und Zeichen finden, die komplexe Lernschritte auf den Punkt bringen und in der Lage sind, Lebenssituationen zu deuten und Lösungen bereitzustellen. So bat mich einmal eine Klientin um die Durchführung eines Rituals, das ihr helfen könne, von ihrem Lebenstraum Abschied zu nehmen. Von Jugend an hatte sie sich als Ehefrau und Mutter gesehen und von der Verwirklichung dieser Vision Erfüllung und Glück erwartet. Doch auf Grund einer tief enttäuschenden Erfahrung war es zu keiner Partnerschaft gekommen. Nun war sie eine berufstätige, allein stehende Frau in der Lebensmitte, die zwar gut mit ihrem Leben zurechtkam, ihre ganze Sehnsucht aber immer noch an den alten Traum gebunden hatte. Sie wusste, dass das Festhalten an diesem Traum ihrem Lebensglück im Wege stand, aber sie wusste nicht, wie sie davon loskommen könnte, zumal eine ansonsten hilfreiche Psychotherapie sie in diesem Punkt nicht weitergebracht hatte. Ich vereinbarte mit ihr, für das Ritual ein Symbol mitzubringen, das den Lebenstraum auch emotional verbindlich ausdrücke. So brachte sie aus der Hinterlassenschaft ihrer verstorbenen Mutter einen Gegenstand mit, der sowohl die mütterliche Prägung als auch die Bindung an die Mutter sowie den Lebenstraum als Ehefrau und Mutter verkörperte. Ich schlug vor, diesen Gegenstand im Laufe des Rituals zu verbrennen, um den damit verbundenen Traum wirklich aufzulösen und die an die Gestalt dieser konkreten Vision gebundenen Energien zu befreien, damit sie sich in neuer Form in ihrem Leben auswirken dürfen. Mein Vorschlag löste heftige Emotionen aus, weil die Radikalität und Endgültigkeit des Abschieds spürbar wurde und der Gegenstand als Erinnerungsstück so wertvoll erschien. Erst nach langem Zögern konnten wir das Ritual durchführen. Tage später rief mich die Klientin an, um mir zu sagen, dass sie seitdem einen tiefen Frieden und eine Aussöhnung mit ihrer Lebensgeschichte empfinde.

Ungeachtet der ganzen Bandbreite menschlicher Erfahrungen und Herausforderungen geht es in den Schwellensituationen, in denen Rituale zum Tragen kommen, im Wesentlichen um einige Grundthemen, denen bestimmte Zeichenhandlungen gut entsprechen:

- *Trennung* mit der Aufgabe, sich zu lösen, Vergangenes zu würdigen, freizugeben und frei zu werden, etwas abzuschließen (zerschneiden, zerschlagen, eine symbolische Bindung durchtrennen, zurückgeben, verneigen, sich abwenden, weggehen …)
- *Annahme* mit der Aufgabe, einverstanden zu werden, sich einzulassen (Hände öffnen, in die Hand nehmen, zu Herzen nehmen, eine symbolische Verbindung knüpfen, auf etwas zugehen, sich beugen …)
- *Verwandlung* mit der Aufgabe, Einstellungen und Bewertungen zu ändern (verbrennen, verzieren, waschen, Kleidung wechseln …)
- *Reinigung* (baden, duschen, untertauchen, Teilwaschungen, Salbungen, räuchern, etwas ablegen …)
- *Dank* (etwas opfern, hergeben, schmücken, verteilen, sich verneigen …)
- *Schutz, Abwehr* (mit Zeichen versehen, Handauflegung, Salbung, Kreis bilden, räuchern …)
- *Segen, Zuspruch* (Handauflegung, mit Zeichen versehen, Salbung …)

Das sind nur einige Möglichkeiten – der Intuition, Einfühlung und Phantasie, stimmige Choreographien zu entwickeln, seien keine Grenzen gesetzt.

Ein Ritual zu Abschied und Neubeginn

Die Schweizer Psychotherapeutin Verena Kast nennt unser Leben eine »abschiedliche Existenz«, denn Zeit unseres Lebens müssen wir immer wieder Vertrautes und Liebgewonnenes loslassen und Neues und Unbekanntes annehmen. Dazu gehören typische Entwicklungsschritte wie der Wechsel der Schule, das Beenden der Schule, der Auszug aus dem Elternhaus, das Beenden von Berufsausbildung oder Studium, Ortswechsel, das Ende der Berufstätigkeit, Jahreswechsel, aber auch ganz eigene Wechsel, bedingt durch ganz persönliche Entwicklungen, die zu einem notwendigen Abschied oder einem notwendigen Neubeginn führen.

Manchmal ersehnen wir uns geradezu einen Neubeginn, damit wir uns endlich aus Altem, Belastendem, nicht mehr Gültigem lösen können. Manchmal fürchten wir ihn, weil wir uns auf Unbekanntes einlassen müssen. Und allzu oft schwindeln wir uns über solche Schritte in unserem Leben hinweg, weil wir die mit Abschieden verbundenen Emotionen fürchten. So aber können wir weder das Vergangene noch das Kommende gebührend achten.

Würdigung der Vergangenheit

Mach dir in einer Zeit der stillen Besinnung bewusst, was du diesem Ort, dieser Zeit, diesen Lebensumständen, diesen Einstellungen und Lebensmustern an Erfahrungen, Zurüstung, Anstößen und Impulsen verdankst. Wenn es um den Abschied von einem Ort geht, suche diesen Ort auf und erinnere dort deine Erfahrungen. Dann setze ein Zeichen deiner Dankbarkeit, indem du am Ort selbst eine Blume hinterlegst oder indem du ein paar Samen verstreust (Bild dessen, was sich auch künftig in deinem Leben auswirken soll) oder Wasser ausgießt (Lebens- und Wachstumsunterstützung als Dankgabe) oder indem du dich vor einem Symbol dieser Vergangenheit verneigst und deinen Dank vernehmlich formulierst.

Auflösung der Vergangenheit

Wer sich noch stark an die Vergangenheit gebunden fühlt, kann sich mit einem weiteren Ritual davon lösen. Auch hier sollte am Anfang die Würdigung der Vergangenheit stehen. Danach kann die Lösung symbolisch vollzogen werden, indem ein vorbereiteter Faden, mit dem der Betroffene mit einem Symbol der Vergangenheit verknüpft wurde, durchgeschnitten wird, begleitet von der folgenden Bitte an die Helferkraft: *»Löse, was mich an Vergangenes bindet und mich hindert, der Zukunft zu vertrauen.«*

Sind mit der Vergangenheit Verletzungen, Enttäuschungen, »offene Rechnungen«, Schmerz oder Wut verbunden, dann werden nun diese Erfahrungen und Emotionen auf Zettel geschrieben, die anschließend an einer Kerze oder in einem kleinen Feuer verbrannt werden mit der Bitte, aus diesem »Mist« Dünger für die Zukunft zu machen.[37] Deshalb sollte die Asche anschließend vergraben werden. Alternativ kann auch ein symbolischer Gegenstand genommen werden, der nun zerstört wird. Die »Scherben« werden anschließend in einer achtsamen Handlung beseitigt.

Handauflegung und Segen

Die guten Absichten, sich der Zukunft zuzuwenden, werden nun gesegnet, d. h., die Kräfte der geistigen Welt werden in dieses Vorhaben geleitet:

Mögest du Abschied nehmen von dem, was zu Ende gegangen ist, von dem, was es loszulassen gilt (und geduldig heilen lassen, was verwundet ist).

Mögest du liebevoll verzeihend auf das schauen, was misslungen ist, wo du dich und andere verletzt, deine Fähigkeiten nicht genutzt, deine Stärke verleugnet, deine Schönheit vergessen hast.

Mögest du stolz und dankbar erkennen, was dir gelungen ist und was dir geschenkt wurde.

Möge Gott (die Kräfte der geistigen Welt) an deiner Seite sein, wenn du die Schwelle (in deinen neuen Lebensabschnitt, in den neuen Ort, die neue Aufgabe etc.) überschreitest; möge er dich behüten und zum Blühen bringen, was in deinem Leben grundgelegt ist.

Hinwendung zum Neuen

Nun kann der Betroffene bewusst eine »Wendung« vornehmen, der Vergangenheit den Rücken kehren und sich der Zukunft zuwenden. Oder er nimmt ein Symbol für seine Zukunft in die Hand, »nimmt es sich zu Herzen« mit dem Wunsch: *»Dankbar nehme ich an, was mir das Leben an Chancen bietet; möge alles so werden, wie es dem Wohle aller dient und deinem göttlichen Plan für meine Seele entspricht.«* Diesem Symbol wird später ein geeigneter Platz im neuen Lebensraum gegeben.

Beim Jahreswechsel

bietet sich auch an, am Ende des alten Jahres bewusst aufzuräumen (Schreibtisch, Wohnraum) und Angesammeltes, Unverwertbares auszusortieren. Die Räume werden symbolisch noch einmal ausgefegt und zusätzlich ausgeräuchert (mit Weihrauch oder Salbei oder Rosmarin), damit Platz für Neues geschaffen wird.

Bei einem Wohnungswechsel

geht es ebenfalls darum, mit Achtsamkeit, die Aufmerksamkeit und Wertschätzung zugleich bedeutet, den neuen Lebensraum und die damit verbundenen Möglichkeiten anzunehmen. Außerdem sollte der Wohnraum von eventuell vorhandenen negativen Energien und Kräften gereinigt werden. Das Ritual beginnt am Eingang (am besten am Abend vor dem Einzug) mit einem Augenblick Stille, in dem sich die Einziehenden vergegenwärtigen, dass sie im Begriff sind, ihr Leben in einer neuen Umgebung fortzusetzen. Nach einer persönlichen Begrüßung des neuen Zuhauses (und/oder seiner Schutzgeister) werden der Rahmen und die Schwelle der Tür mit Weihwasser bzw. Wasser, dem einige Tropfen Rosmarin beigemischt sind, besprengt mit den Worten: »Neues Leben, neues Licht ziehe hier nun ein!« oder »Friede sei mit diesem Haus und mit allen, die darin wohnen!« Dann wird in der Mitte eines jeden Raumes eine Kerze entzündet. Wer Reiki kann, bringt in allen Räumen und an der Eingangstür das Schutzzeichen an. Anschließend werden mit Weihrauch oder Salbei in allen Räumen die vier Ecken ausgeräuchert, z. B. mit den Worten: »Geister der Vergangenheit, negative Kräfte, macht Platz! Neues Leben, neues Licht ziehen hier nun ein!« Danach werden in jedem Raum dic vier Ecken mit Weihwasser bzw. Rosmarinwasser besprengt. Dabei kann jeder Raum einem bestimmten Zweck »geweiht« werden, indem mit jeder Segnung ein spezieller Wunsch verbunden wird (z. B. »Möge ich in dir Ruhe und gute Träume nach einem langen Tag finden«).

Ein Ritual zur Heilung[38]

Schwerwiegendere Erkrankungen gehören zu den Erfahrungen, die plötzlich unseren gewohnten Lebensaufbau durchkreuzen, Grenzen setzen, Orientierungen in Frage stellen und uns mit Themen in Berührung bringen, denen wir sonst wenig Beachtung schenken. Je nachdem, welche Funktion beeinträchtigt oder welches Organ betroffen ist, wecken sie unterschiedliche Ängste wie z.B. die Angst vor dem Verlust der sozialen Rolle und Anerkennung oder die Angst vor Abhängigkeit oder die Angst vor Kontrollverlust und dem Verlust der Würde. Sie bringen uns mit Schwäche und Verletzbarkeit in Berührung, werfen die Frage nach Sinn auf und führen deshalb oft zunächst in eine Krise. Das gilt auch für andere Schicksalsschläge, die uns aus der Bahn werfen. Sie erfordern das Annehmen unabänderlich Gegebenem ebenso wie das Ringen und Kämpfen um Zukunft und neue Perspektiven, aber auch das Sich-Übergeben an Prozesse, deren Verlauf nicht mit Willenskraft bestimmbar ist. Jede derartige Erfahrung stellt einen massiven Angriff auf unser Identitäts- und Lebensgefüge dar, sodass wir Hilfe und Unterstützung gut gebrauchen können, die unsere Selbstheilungskräfte aktivieren und uns zu einem neuen Bezug zum Leben und zu uns selbst verhelfen – z.B. in Form des folgenden Rituals, das heilende Kräfte in unser Leben leitet.

Die Klage

Bei der Einladung an die geistige Welt und der Bitte um ihre Hilfe können auf den Altar oder in das gestaltete Zentrum Scherben als Zeichen des zerbrochenen Lebensgefüges oder Steine als Symbol der Beschwernis, der »Stolpersteine« oder

der empfundenen Behinderung auf dem Lebensweg gelegt werden. In vielen Kulturen war und ist es Brauch, in einer solchen Situation Kleidung zu zerreißen, eine dramatische Darstellung der »einschneidenden« Erfahrung und zugleich Ausdruck der Wut, denn auch Wut über diese verletzende »Kränkung« braucht einen Platz und Ausdruck. Die Psalmen der jüdischen Bibel beginnen oft mit heftigen Anklagen gegen Gott (und das Schicksal), mit dem Ausdruck der ganzen empfundenen Not, Wut und Verzweiflung, ehe sie über die Erinnerung an erfahrene Gegenwart und Hilfe Gottes in Zuversicht auf die Bewältigung der jetzigen Situation wechseln. Deshalb könnte ein solcher Psalm[39] oder eine selbst formulierte Klage am Anfang stehen oder das Übergeben der Scherben und Steine mit folgendem Gebet begleitet werden, gerichtet an die Macht und Kraft, die der spirituellen Überzeugung der Betroffenen entspricht:

…, du heilige und heilende Ganzheit, mein Leben lege ich vertrauensvoll in deine Hände.
Alles Misslungene und Zerstörte, alle Verletzung und Verwundung, alle Konflikte und Auseinandersetzungen lege ich in deine Hände.
Alle Wut und Verzweiflung, alle Sorgen und Ängste, alle Traurigkeit und Sehnsucht lege ich in deine Hände.
Alle Schuld und jedes Versagen, alles Grübeln und Fragen lege ich in deine Hände.
Alles Ausgesprochene und Unausgesprochene lege ich in deine Hände.
Heile alles Dunkle und verwandle meinen Schmerz und meine Trauer.[40]

Handauflegung

Sind Menschen bei diesem Ritual anwesend, die in Reiki eingestimmt sind, sollten sie jetzt gemeinsam einen Chakraausgleich vornehmen und eine Zeit lang die kranke oder schmerzende Stelle behandeln. Andernfalls legt die Ritualleiterin dem Betroffenen die Hand auf das Scheitelchakra und/oder die angegriffene Körperpartie.

Salbung

Die Salbung mit bestimmten in Ölen gebundenen Kräutern und Essenzen wird in allen Kulturen zur Stärkung und zur Aktivierung der Selbstheilungskräfte angewandt. So können die Hauptchakras gesalbt werden[41] oder Stirn, Handinnenflächen und Brustbein (Herzchakra), z.B. mit folgendem Segen:

> *Gott, die aufrichtet und lebendig macht, segne deinen Kopf und deine Stirn, sie nehme von dir deine quälenden Fragen nach dem »Warum«, sie befreie dich vom Suchen nach Versagen und Schuld, sie vertreibe die quälenden Sorgen um das Morgen. Gott schenke dir Klarheit in deinen Gedanken und stärke deine Willenskraft und Zuversicht.*
> *Gott, die aufrichtet und lebendig macht, segne deine Hände, dass das Verkrampfte sich löse und das Matte schwinde; Gott stärke deine Hände, dass neue Kraft in ihnen fließe, dass sie Hilfe annehmen können und dass sie dein Leben gestalten, wie es deinem Wesen und deiner Aufgabe entspricht.*
> *Gott, die aufrichtet und lebendig macht, heile dein verwundetes Herz, sie berühre liebevoll deine Trauer und deinen Schmerz. Gottes Zärtlichkeit hülle dich ein und schütze dich in deiner Verletztheit; sie löse alle Bitterkeit und alles Erstarrte in dir. Vertrauen, Liebe und Lebensfreude mögen in dir fließen.*
> *Möge alles so werden, wie es dem Wohle aller dient und dem göttlichen Plan für deine Seele entspricht.*

Dann folgen die abschließenden Zeremonien.

Ein Ritual zur Versöhnung

Zu den besonders schwierigen Herausforderungen gehört der Umgang mit kränkenden und verletzenden Erfahrungen. Wenn Menschen uns enttäuschen und uns wehtun, wenn Pläne jäh durchkreuzt werden, wenn wir nicht zu unserem Recht kommen, wenn das Schicksal uns bittere Verluste oder unabänderlich Gegebenes zumutet, dann bleiben im Augenblick nur Wut, Traurigkeit und Angst als Reaktion. Alle Gedanken kreisen dann nur noch um diese Erfahrung, können es nicht fassen und erst recht nicht einfach hinnehmen. Oft beginnt ein aussichtsloser Kampf gegen die Situation und ihre Verursacher, der die Erfahrung letztlich ungeschehen machen will. Da das natürlich nicht gelingt, wird weiter Zeit und Energie in Wut- und Rachephantasien oder auch -handlungen investiert. Schließlich bleibt auf diese Weise viel Energie an die Vergangenheit gebunden, die Erfahrung wird generalisiert und wir empfinden uns nur noch als Opfer. Um einer derartigen Chronischwerdung des Schmerzes entgegenzuwirken, muss der Kampf gegen das Geschehene aufgegeben und die Auseinandersetzung mit der verletzenden Erfahrung in andere Bahnen gelenkt werden. Nicht mehr die Fragen »Warum? Warum gerade ich? Warum gerade so?« stehen dann im Vordergrund, sondern die Fragen »Wozu war das gut? Was konnte ich dadurch lernen, was musste ich dadurch entwickeln?«. Damit die Wunden heilen können, muss den Gefühlen von Wut und Trauer Ausdruck gegeben werden. Selbstmitleid ist nur insofern gut, als es zu einem fürsorglichen und achtsamen Umgang mit sich selbst führt. Vergebung ist in diesem Zusammenhang eine notwendige Tugend, die ganz im eigenen Interesse steht, denn durch die Vergebung löse ich meine Bindung an die Vergangenheit. Wenn ich auf Einsicht der anderen Seite warte, auf eine Bitte um Entschuldigung oder gar auf eine Wiedergutmachung, dann bleibe ich in meiner eigenen Entwicklung an die Entwicklung eines anderen gebunden. So aber kann ich durch Vergebung meine Energien wieder für die Zukunft frei machen. Das bedeutet weder, dass ich vergessen muss, was geschehen ist (wie sollte ich dann daraus lernen?), noch, dass ich es bagatellisieren muss. Vielmehr kann ich so wieder in den Blick bekommen, dass ich zwar eine Opfererfahrung gemacht habe, dass mein Leben aber bedeutend mehr ist als diese Erfahrung. Aus der Vergangenheit lernend, mich der Zukunft zuwendend kann ich das Leben und das Wachstum feiern, das aus dieser Krise hervorging, und mich so mit dieser Erfahrung versöhnen. Zu einer Versöhnung mit anderen Menschen gehört natürlich mehr. Dazu muss auch die andere Seite sich bewegen, dann müssen die Konditionen der Beziehung neu verhandelt und Vertrauen muss neu aufgebaut werden.

Nicht weniger schwer ist es für manche Menschen, sich selbst zu vergeben und sich mit sich selbst zu versöhnen[42]. Es gibt kein Leben, das an der Erfahrung von Schuld und Versagen vorbeikommt. Die Erfahrung, sich selbst und andere um eine Chance sinnvollen und authentischen Lebens gebracht zu haben, bedeutet nicht nur die Erkenntnis verursachten Leids, sondern auch eine Erschütterung der persönlichen Identität (zu so etwas bin ich fähig?). Oft sind solche Erfahrungen mit Scham und der Angst vor dem Verlust der sozialen Akzeptanz verbunden. Im besten Fall gehen sie mit tiefem Bedauern, der Entschiedenheit zur Wiedergutmachung und dem Willen einher, daraus zu lernen. In jedem Fall geht es aber darum, dem Verlust der Selbstachtung entgegenzuwirken und ein realistisches Selbstbild zu ermöglichen, das Schattenseiten nicht ausblenden muss, sondern verstehend integrieren kann und auch hier erkennt: Ich bin bedeutend mehr als diese Erfahrung.

Versöhnung mit Opfererfahrungen

In einem Selbsterfahrungsseminar zum Thema »Versöhnung« erzählten die Teilnehmer zunächst ihre Opfererfahrungen. Das waren Defizite und Verletzungen aus der Kindheit und Erlebnisse aus der aktuellen Lebensphase, Kränkungen durch Menschen, aber auch Zumutungen durch Schicksalsschläge. Mit Hilfe bioenergetischer Körperarbeit konnten sie sodann die dazugehörenden Emotionen durchleben. So war schließlich der Boden für ein aufrichtiges Ritual bereitet. Zur Vorbereitung gestaltete jeder ein persönliches Symbol seiner Opfererfahrung. Nach den eröffnenden Zeremonien war eine Zeit für die Meditation der wohlwollenden Güte vorgesehen. Die sollte sich zunächst auf die eigene Person richten (*»Möge ich glücklich werden, möge ich Frieden finden, möge ich mir meines wahren Wesens gewahr werden, möge ich geheilt werden und selber eine Quelle der Heilung sein.«*), dann auf die Person, deren Opfer man geworden war (*»Mögest du …«).* Danach entzündeten wir in der Mitte des Raumes in einer entsprechenden Schale ein Feuer. Nun konnte jeder der Reihe nach zu der ihm gemäßen Zeit sein Symbol nehmen, noch einmal seine Verletzung benennen und es schließlich mit folgender Bitte dem Feuer übergeben:

> *Wie dieses Symbol meiner Verletzung nun durch die Kraft des Feuers verwandelt wird, so mögen alle an das unabänderlich Geschehene gebundenen Energien frei werden für ein Leben in Liebe und Freude. Mögen alle Wesen Frieden finden und glücklich werden!*

Erst als das Feuer seinen Dienst getan hatte, kehrte der Betroffene an seinen Platz zurück und die Nächste konnte ihr Symbol dem Feuer übergeben. Nachdem alle Symbole verbrannt waren, legte ich jedem Teilnehmenden eine Zeit die Hände auf, um auch auf diese Weise noch einmal heilende Energien in sein Leben zu leiten. Dazu gab es folgende Segenswünsche:

Die Quelle aller Liebe heile deine Wunden und bringe deinen Lebensstrom zum Fließen; sie ermutige dich, dem Leben zu trauen, und lasse dich befreit aufatmen.

Schließlich gingen wir zu einem nahe gelegenen Fluss und übergaben ihm die Asche der verbrannten Symbole.

Versöhnung mit sich selbst

Wenn du etwas, was du getan oder unterlassen hast, ernsthaft bedauerst, wenn du dir selbst untreu geworden bist oder jemand anderen verletzt hast, wenn es dir schwer fällt, dich damit anzunehmen und vor dir selbst zu bestehen, dann wird es Zeit für ein solches Ritual.

Auf dem Altar steht eine Schüssel mit klarem Wasser, daneben liegt ein Handtuch. Nach den vorbereitenden Zeremonien und der Bitte an die geistige Welt um Hilfe lasse ich eine Zeit lang meditieren mit der Vorstellung, dass sich Gottes liebevolle Gegenwart wie ein strahlendes Licht über dich ergießt und dich durchströmt; erlaube allen Schuldgefühlen, mit diesem Licht in den Boden zu fließen und Nährstoff zu werden; erlaube diesem Licht, alle Scham, allen Schmerz und alle Trauer aus dir herauszuwaschen. Danach kommen alle einzeln nach vorn und waschen sich das Gesicht (reinigen ihr »Ansehen«). Dann lege ich ihnen die Hände auf mit den Worten:

Mögest du wissen, dass grenzenlose Liebe dich umhüllt. Friede sei mit dir!

Wenn alle auf ihren Platz zurückgekehrt sind, bete ich langsam folgendes Gebet, das jeder still für sich mitvollzieht:

Guter Gott, ich danke dir dafür, dass du den Schleier der Scham hebst, der schon so oft das Licht meines Herzens verhüllt hat. Möge ich aus meinen Fehlern lernen und mich um wohlwollende Güte und nicht verletzendes Handeln bemühen, auf dass der tiefe Frieden deiner Weisheit sich in meinem Leben und in der Welt offenbare.

Wenn du ein solches Ritual für dich alleine durchführst, dann gehe nach der ersten Meditation duschen, salbe dich z. B. mit Rosenöl, wechsle deine Kleidung und sprich dann das Dankgebet. Oder nimm dir einen Spiegel und sieh dir ins Gesicht. Sieh dich mit den Augen eines Kindes an, sieh dich als göttliches Kind, das immer all deiner Liebe und Achtung würdig ist. Sieh dir tief in die Augen und sage dir im Geist: »Ich liebe und ich achte dich.« Sage dir dann, was immer du von einem Menschen hören möchtest, der sich wirklich wünscht, du würdest erwachen und das Göttliche in deinem Herzen und deinem Leben entdecken.

Ein Ritual zur weiblichen Initiation

Als unsere beiden Töchter auf die Pubertät zugingen, waren meine Frau und ich fest entschlossen, das Ereignis ihrer ersten Regelblutung nicht einfach so zur Kenntnis zu nehmen, sondern diesen Entwicklungssprung mit einem kleinen Fest zu würdigen und ihm so Bedeutung zu verleihen. Als es dann so weit war und von Frau zu Frau die Erfahrungen ausgetauscht waren, haben wir sie jeweils zum Essen ausgeführt, geschminkt und gekleidet wie es einer jungen Frau entspricht. Dort gab es die Glückwünsche und ein Geschenk: ein erstes spezifisch weibliches (und nicht kindliches) Schmuckstück. Trotz der in diesem Alter gebotenen Coolness waren sie aufgeregt, erfreut, jetzt endlich so weit zu sein und nun zum Kreis der Frauen zu gehören. Die Achtung, die wir dieser Erfahrung beimaßen, half auch ihnen, darin einen Aspekt ihrer weiblichen Identität zu erfahren, zu bejahen und zu integrieren. Aber erst viele Jahre später erhielt ich Anregungen, zu diesem Anlass ein wirkliches Ritual zu entwickeln. Denn vor kurzem sah eine Teilnehmerin eines Seminars in der Tatsache, dass diese Gruppe nur aus Frauen bestand, von denen zudem viele lebenserfahren wirkten, eine Chance, sich mit ihrer eigenen Weiblichkeit zu versöhnen. Die Minderbewertung als Mädchen in der Familie und als Frau im späteren beruflichen Umfeld, Menorrhagie, sexuelle Übergriffe sowie kränkende Erfahrungen in Beziehungen mit Männern hatten ihr dies schwer gemacht. Da sie schon häufiger im therapeutischen Setting daran gearbeitet hatte, schlug ich ihr ein Ritual vor, auf das sie und die anderen Teilnehmerinnen sich gerne einließen. Als zentrale Zeichenhandlung stellten sich die Frauen hintereinander mit gespreizten Beinen auf. Die Initiandin wurde nun, mit dem Rücken auf einer Decke liegend, durch diesen »Geburtskanal« gezogen und durchquerte so das energetische Feld vieler Schöße, die lustvoll Sexualität lebten und zum Teil auch geboren hatten. Anschließend bildeten die Frauen einen Kreis um die Initiandin und legten ihr jeweils eine Zeit lang die Hände auf die Brüste und den Schoß, um ihr so etwas von ihrer eigenen weiblichen Kraft zu vermitteln. Das Ganze endete dann in einem spontanen Fest, zu dem wilde Tänze zu Flamenco- und Trommelmusik ebenso gehörten wie der genussvolle Verzehr süßer Früchte, denen traditionell eine erotische Bedeutung beigemessen wird. Alle waren sich einig, dass diese Erfahrung einen ausgezeichneten Grundstock für ein Ritual zur ersten Regelblutung bildete, zu dem vielleicht Folgendes gehören sollte:

Vorbereitung

Die Einweihung sollte nur im Kreis von Frauen erfolgen. Vielleicht gibt es ja mehrere junge Frauen, die in einem solchen Ritual ihren neuen Status erleben und feiern können. Dazu sollten Frauen eingeladen werden, die den Heranwachsenden etwas bedeuten und ihnen auch als Modelle erfüllter Weiblichkeit dienen können. Dem Fest voran geht ein Bad in sinnlich-erotischen Düften. Auch der Raum ist mit duftenden Blüten geschmückt, dazu brennen Räucherstäbchen (Patchouli oder Ylang-Ylang z.B.).

Einladung der geistigen Welt

Bei der Bitte um Hilfe werden solche Kräfte angerufen, die die Heranwachsenden in der Annahme und Gestaltung ihrer Geschlechtsidentität zu unterstützen vermögen und ihnen »ein Begriff« sind: die persönliche Helferin, die Kraft des Schwarzmondes, die große Göttin in ihrer dreifachen Gestalt als Jungfrau, Mutter und weise Frau, Ahninnen aus der eigenen Familie, große Frauengestalten, die Weiblichkeit, Mütterlichkeit und selbstbewusste Lebensgestaltung verkörpern.

Zentralritus

Nun bilden die Frauen den Geburtskanal in die neue Rolle und reichen die Initiandin einander weiter, bis sie schließlich im Kreis der erwachsenen Frauen liegt. Alle legen ihr nun eine Zeit schweigend die Hände auf Brust und Becken; die Ritualleiterin (oder die Mutter) salbt das Sakral-, Herz- und Stirnchakra mit folgenden Segenswünschen:

> *Gesegnet sei dein Becken, Zentrum deiner vitalen Lebenskraft; gesegnet sei deine Fruchtbarkeit in ihren vielen Formen; gesegnet sei deine Sexualität, deine Lebensfreude und Lust; mögest du diesen Kräften Raum geben und sie genießen.*
>
> *Gesegnet sei der Raum deines Herzens, Ort deiner Gefühle, deiner Verbindung mit den Menschen und der geistigen Welt; gesegnet seien deine Sehnsüchte und Hoffnungen, die dir den Weg weisen; gesegnet sei deine Zärtlichkeit und Sensibilität, deine Intuition und deine Liebe; mögest du diesen Raum öffnen und schützen können, wie es dir entspricht.*
>
> *Gesegnet sei dein Kopf, Raum deiner vernünftigen Gedanken und verrückten Ideen; gesegnet sei dein Verstand und deine Phantasie; mögen sie auf ihre Weise dir helfen, die Welt und dich zu begreifen, kreativ zu sein und dein Leben zu entfalten; gesegnet sei die Verbindung deiner Kraftquellen, sie ermöglicht dir Leben in vielfältiger Form und lässt dich werden zur Frau, als die du in dieses Leben geboren wurdest.*

Festmahl

Jetzt ist natürlich der Zeitpunkt gekommen, die Neueingeweihten zu beglückwünschen. Bei dieser Gelegenheit können ihnen die Frauen Tipps, gute Wünsche und »Geheimnisse« ins Ohr flüstern und ihre Geschenke überreichen. Tanz und gemeinsames Essen und Erzählen einschließlich erotischer Geschichten beschließen das Fest. Die Männer und männliche Geschwister sollten sich bewusst aus diesem Frauenfest zurückhalten. Ihre Gelegenheit, zu gratulieren und Geschenke zu überreichen, ist dann, wenn die Initiierte mit ihrem neuen Status versehen in den üblichen Lebensbereich zurückkehrt.

Ein Ritual zur Scheidung

Trotz der hohen Scheidungszahlen glaube ich nicht an eine allgemeine Unverbindlichkeit und Leichtfertigkeit. Jede Scheidung ist das schmerzliche Ende eines mit Hoffnung und guten Absichten begonnenen Prozesses. Manchmal sind es massive Enttäuschungen, Kränkungen und Verletzungen, die der Scheidung vorausgehen, manchmal sind es Entwicklungen, die für einen oder auch beide Wachstum bedeuten, die aber nicht mehr mit der bestehenden Partnerschaft kompatibel sind. Schuldgefühle, Versagensgefühle, Opferstimmungen, Hader, aber auch Befreiung und Gefühle von Stimmigkeit und Authentizität spielen in diesem Zusammenhang eine große Rolle. Wer die Tür hinter sich zuschlägt, hat sich nicht wirklich gelöst, und wer als Opfer zurückbleibt, bindet seine Energien an die Vergangenheit. Umso wichtiger ist für diesen Lebensschritt eine fürsorgliche Begleitung, die auch in Form eines Rituals einen deutlichen Schlusspunkt setzt, um Hilfe bittet, dass alles so werden möge, wie es dem Wohle aller entspricht, und Vergebung und Segen zuspricht.

Eröffnungszeremonien

Bereits in den Eröffnungszeremonien können einige Scherben und ein in Geschenkpapier gewickeltes Paket deutlich machen, dass es hier um Verletzungen und das Zerbrechen von Hoffnungen geht, dass aber auch jeder dankbare Erinnerungen aus der gemeinsamen Zeit mitnimmt. An dieser Stelle können beide Partner einander sagen, wofür sie dem anderen dankbar sind und wofür sie um Vergebung bitten oder was sie bedauern. Da mögen auch noch einmal die Tränen fließen. Die schlichte

Bitte aus dem Vaterunser »Vergib uns unsere Schuld, wie auch wir vergeben unsern Schuldigern« hat hier ihren besonderen Platz. Von der aramäischen Urfassung her bedeutet sie: Löse die Fäden, die mich an die Vergangenheit binden (meine Fehler, Schuld, Versagen, Selbstentwertung), wie auch ich hiermit löse, was andere an mich bindet (Schuld, »offene Rechnungen«, meine Erwartungen).

Befragung der Partner

Die/der RitualleiterIn (RL) beginnt die zentrale Zeichenhandlung mit der Befragung der beiden Trennungswilligen, die – genau wie bei der Heirat – eine öffentliche Bekundung ihrer Absicht darstellt. Die Trauzeugen oder andere gute Freunde können stützend an ihre Seite treten.

RL: »X, warum bist du heute hierher gekommen?«

X: »Weil ich die Trennung von Y möchte.«

RL: »Bejahst du diesen Schritt aus eigenem freien Willen?«

X: »Ja, es ist meine freie Entscheidung.«

RL: »Sind eure Besitzverhältnisse (und die Sorge für eure Kinder) so abgestimmt, dass es dem Wohlergehen aller dienlich ist?«

X: »Ja, so ist es.«

Die gleichen Fragen werden nun auch dem Partner gestellt.

Die Auflösung:

Dann fordert RL die beiden auf, sich noch einmal bei der Hand zu fassen und vor allen Anwesenden zu bekunden, dass sie ihre Ehe/Partnerschaft nunmehr auflösen wollen. Jeder der beiden Partner spricht: »Ich, N. N., löse hiermit in aller Freiheit meine Verbindung mit dir, N. N., auf. Nicht länger mehr sind wir eins, sondern zwei Individuen, frei darin, unsere eigenen Wege zu gehen. Jedoch werde ich nicht aufhören, dir in Respekt zu begegnen. Mögest du Frieden finden und glücklich werden.«

RL: »Nun lasst einander los und legt auch eure Ringe ab.«

Die Ringe werden von RL in Salzwasser getaucht oder mit Salzwasser besprengt.

RL: »Hiermit reinige ich diese Ringe, sie sind nicht länger Zeichen eurer Bindung.«

Abschlusszeremonien

Im Rahmen der abschließenden Zeremonien sollte RL beiden Partnern die Hände auflegen mit dem Zuspruch: »Gesegnet seien eure jeweiligen Wege, gesegnet sei eure jeweilige Zukunft, (gesegnet sei eure gemeinsame Sorge um das Wohlergehen eurer Kinder).« So schwer es auch fallen mag, jetzt sollte die Versammlung unmittelbar aufgelöst werden und beide nunmehr Getrennten sollten auch ihrer Wege gehen.

Da Paare selten so offen und fair ihre Verbindung auflösen, sondern viel öfter auch das Ende mit Streit und Verletzungen verbunden ist, sind natürlich nicht immer beide Partner zu einem solchen Ritual bereit und in der Lage. Deshalb muss es auch für einen Partner allein eine Möglichkeit geben, mit Hilfe eines Rituals den Lösungsprozess zu beenden. Eine Frau hatte es über eine intensive psychotherapeutische Arbeit geschafft, sich von ihrem gewalttätigen Ehemann zu trennen und die Scheidung durchzuziehen. Reaktionen aus den Familien und der dörflichen Gemeinschaft, denen sie die wahren Gründe nicht offenbaren mochte, verunsicherten sie und noch lange überlegte sie, ob der Schritt wohl richtig war, zumal davon ja auch das weitere Geschick ihrer Kinder abhing. Doch schließlich wollte sie endlich einen Schlussstrich ziehen, um sich wieder der Gegenwart und Zukunft zu öffnen. Für die Durchführung des Rituals wählte sie ihren Lieblingsplatz in der

Natur, nahe einem kleinen Fluss. Nachdem wir den Ort hergerichtet und die eröffnenden Zeremonien durchgeführt hatten, stellte ich auch ihr die drei Fragen nach ihrem Anliegen. Dann beteten wir gemeinsam das Vaterunser mit der Bitte um Vergebung und dem Ausdruck der Vergebungsbereitschaft. Anschließend sprach sie die Auflösungsformel und verbrannte ein mitgebrachtes Hochzeitsfoto. Die Asche sowie den Ehering füllte sie in ein vorbereitetes Papierschiffchen. Dann stiegen wir zu dem Fluss hinab und sie setzte das Schiffchen der Strömung aus, die es langsam, aber stetig davontrug. Eine Zeit noch schaute sie dem Schiffchen nach mit einem Gefühl der Befreiung und der Richtigkeit dieses Schrittes. Dann legte ich ihr die Hände auf und segnete sie und ihre Zukunft. Danach kehrten wir zurück und tranken ein Glas Wein auf ihr Wohl. Nach Monaten schrieb sie mir, dass sie sich seitdem frei von Schuldgefühlen mit einer Empfindung großer Klarheit ihrer Zukunft widmen konnte und wieder richtig Lust auf das Leben verspürte, wozu auch eine neue Beziehung gehörte.

Ein Ritual zum Schutz

Es gibt Zeiten, in denen wir uns sehr offen oder ziemlich geschwächt fühlen und dadurch den vielen unangenehmen psychischen Energien unserer Umgebung schutzlos ausgeliefert sind. Manchmal machen wir sogar die Erfahrung, dass andere Menschen uns regelrecht energetisch aussaugen (das gilt besonders auch für Menschen in helfenden Berufen). Andere empfinden, dass Orte, an denen sie sich aufhalten müssen, von negativen Energien und (auch personalen) Kräften besetzt bzw. beeinflusst sind. Grundsätzlich empfiehlt es sich, in solchen Zeiten oder an solchen Orten folgende Visualisierung vorzunehmen:

Stell dir über dir einen großen hellen Stern oder ein anderes Bild göttlicher Gegenwart vor. Aus dieser Gegenwart fließen Licht und Liebe über dich und hüllen dich wie in einen Kegel ein.
Oder: Strecke einen Arm und den entsprechenden Zeigefinger aus. Stelle dir vor, dass aus diesem Finger klares, strahlendes Licht fließt; ziehe dreimal mit diesem Licht einen Kreis um dich.
Diese Visualisierungen kannst du unterstützen mit dem Gebet: »Das Licht Gottes umgibt mich, die Liebe Gottes umfängt mich, die Kraft Gottes beschützt mich, die Gegenwart Gottes wacht über mich. Wo immer ich bin, ist Gott, und alles ist gut.« (Gebet der Unity Church)

In einem Raum, in dem du dich angegriffen oder beeinträchtig fühlst, kannst du folgendes Ritual durchführen:

Richte eine Mitte her und entzünde dort eine Kerze. Verwende auch reinigendes Räucherwerk oder entsprechende Duftöle. Bitte dann die geistige Welt oder die Engel oder deine Schutzgeister um Hilfe, Schutz und innere Ruhe. Dann stelle in die vier Ecken des Raumes je eine kleine Schale mit Meersalz (diese bleiben anschließend dort stehen).
Dann stelle dir eine liegende Acht (Lemniskate) vor, die von einem Lichtstrahl gebildet wird. Stell dir vor, du sitzt in der einen Schleife die-

ser liegenden Acht; in der anderen Schleife vergegenwärtigst du dir eine Quelle der Stärke und Unterstützung (ein Schutzengel, Christus, ein Meister, eine Kraft, die dir etwas bedeutet) und bitte sie um Erlaubnis, dich unter ihren Schutz begeben zu können. Spüre nun, wie du über die liegende Acht mit der schützenden Kraft verbunden bist, nichts kann in das Licht der liegenden Acht eindringen, diese Verbindung bleibt, auch wenn du dich im Alltag wieder anderen Dingen zuwendest.

Danke der Schutzkraft und bleibe noch eine Zeit in diesem Raum, eventuell bei einem guten Glas Wein und/oder einem interessanten Buch, und genieße die eintretende Ruhe.

Elemente zum Abschluss

Jede Meditation und jedes Ritual lassen sich mit einem Querschnitt durch eine Schale vergleichen: Es beginnt »außen«, »am Rande«, »an der Oberfläche« und führt dann immer mehr in die »Tiefe« und die »Mitte« und schließlich wieder in der umgekehrten Bewegung nach oben und an den Rand. So holt auch jedes Ritual die Teilnehmenden an der Oberfläche des Alltagsbewusstseins ab. Die einleitenden Zeremonien eröffnen den Zugang zur eigenen Tiefe und das Feld, in dem die geistige Welt wirksam werden kann. Die »zentralen« Zeichenhandlungen bilden den Kern des Geschehens und verankern über ihre archetypische Symbolik und das Feld spiritueller Energie Erfahrungen in der Tiefe der eigenen Seele. Die abschließenden Zeremonien müssen daher die Teilnehmer wieder mit der Alltagswelt verbinden, den Raum der Erfahrung schließen und die »Gäste aus der geistigen Welt« mit Dank für ihre Anwesenheit und ihr Mitwirken verabschieden.

Die Nachbereitung

Gut vorbereitete und durchgeführte Rituale vermitteln eine Menge tief greifender Eindrücke und hochwirksamer Energien, die einer Integration bedürfen. Auch wenn sie noch lange nachhallen und ihre eigentliche Wirkung erst in der Folgezeit entfalten, halte ich es für notwendig, nach den zentralen Zeichenhandlungen eine Zeit zu lassen, in der sich die Eindrücke setzen und die Emotionen beruhigen können. Dazu lasse ich zunächst eine ruhige Musik laufen und anschließend noch eine Zeit der Stille einhalten mit der Einladung, sich mit allen Sinnen noch einmal zu vergegenwärtigen, was man erlebt hat, diese Erinnerungen dann loszulassen und ein paar Minuten darüber zu meditieren, was bleiben wird. Für das »Wiederauftauchen« sorgt danach ein gemeinsam gesprochenes Gebet, z.B.:

Durch die Kraft und Wahrheit dieses Rituals: Möge Frieden auf Erden sein. Mögen die Herzen aller Menschen für sie selbst und füreinander offen sein. Mögen alle des Lichtes ihrer wahren Natur gewahr werden. Möge die ganze Schöpfung gesegnet und selbst ein Segen sein für alles Seiende.

Dem folgt ein gemeinsam gesungenes Lied.

Verabschiedung der geistigen Welt

So wie die geistige Welt eingeladen und um Hilfe gebeten wurde, so wird sie nun auch mit Dank verabschiedet.

Ihr guten Geister Gottes, ich danke euch für eure Anwesenheit und eure Hilfe. Möge die Liebe, mit der ihr uns umsorgt, in unserem Leben Früchte tragen. Geht nun in Frieden.

Dazu passt noch eine tiefe Verneigung.

Segenswünsche

In den christlichen Ritualen ist es üblich, auch die Teilnehmenden mit einem Segenswunsch zu entlassen. Gerne verwende ich die beiden folgenden Möglichkeiten:

Es wachse in uns der Mut, uns einzulassen auf dieses Leben mit all seinen Widersprüchen und Verflechtungen.
Es wachse in uns der Mut, uns liebevoll wahrzunehmen, uns einzulassen auf andere Menschen und sie teilnehmen zu lassen an dem, was wir sind und haben.
Gott segne uns und mit uns die Menschen, die zu uns gehören, dass wir inmitten dieser Welt den Reichtum des Lebens erfahren.

Oder:

Gott, der uns wahrnimmt, lasse zu unserer Erfahrung werden, was er uns zugesagt hat:
bei uns zu sein in Angst und Unsicherheit;
zu uns zu stehen in Ausweglosigkeit und Verlassenheit;
uns zu trösten, wenn wir bekümmert sind.
Er schenke uns, was wir uns selbst nicht geben können:
wachsendes Vertrauen mitten in den Widersprüchen unseres Lebens.

Auflösung

Oft lade ich alle Teilnehmenden ein, noch einmal in der Mitte bzw. um die gestaltete Mitte einen Kreis zu bilden und sich bei der Hand zu nehmen. Dann erinnere ich daran, wie wir zusammengekommen sind, dass wir einen gemeinsamen Prozess gestaltet haben und uns nun wieder voneinander lösen müssen. Dann drücken wir uns noch einmal die Hände und lösen den Kreis auf – auch wenn wir anschließend noch etwas beisammenbleiben. Denn wie das Totenmahl nach einem Begräbnis kann auch nach einem Ritual eine Zusammenkunft, in der noch etwas gegessen und getrunken wird, für eine langsame Wiederverbindung mit dem Alltag sorgen: Anfangs wird noch über das Ritual und seine Erfahrungen gesprochen, doch dann kommen bald auch wieder Themen des Alltags, wichtige und unwichtige, bedeutsame und banale. So ist das Leben.

Anmerkungen

1 Heinrich Rennings, Beharrung und Reform, in: Liturgiereform im Streit der Meinungen, Echter Verlag, S. 153 (Studien und Berichte der katholischen Akademie in Bayern, Band 42)
2 Uwe Steffen, Taufe, Stuttgart 1988, S. 18
3 vgl. dazu: Stanislav Grof, Topographie des Unbewussten, Stuttgart 1997
4 Émile Durkheim, Die elementaren Formen des religiösen Lebens, Frankfurt am Main 1994, S. 571
5 Malidoma Patrice Somé, Die Kraft des Rituals. Afrikanische Traditionen für die westliche Welt, Kreuzlingen 2000, S. 51 f.
6 Malidoma Patrice Somé, a. a.O., S. 65
7 Malidoma Patrice Somé, a. a.O., S. 41
8 Siehe dazu: W. Wickler, Stammesgeschichte und Ritualisierung, München 1970, S. 250; D. Morris, Der Menschen-Zoo, Zürich 1969, S. 153–164; O. Koenig, Verhaltensforschung und Kultur, in: G. Altner, Kreatur Mensch, München 1973, S. 102–159
9 Joachim-Ernst Behrend, Nada Brahma, Die Welt ist Klang, © Insel Verlag, Frankfurt am Main, S. 173
10 Joachim-Ernst Behrend, a. a.O., S. 37 f.
11 Malidoma Patrice Somé, a. a.O., S. 61
12 Marion Giebel, Das Geheimnis der Mysterien, © Patmos Verlag GmbH & Co. KG, Düsseldorf 2003
13 Ich verwende diesen Begriff, weil es in den ersten Jahrhunderten keine einheitliche Ausrichtung gegeben hat. So gab es einerseits die sich allmählich institutionalisierende Kirche, andererseits die von östlicher Spiritualität geprägte Gnosis und dazwischen eine Fülle von Jesusbewegungen mit vielen im Umlauf befindlichen Evangelien, die mal Jesus als den apokalyptischen Prediger, mal als den Religions- und Kirchengründer und mal als den spirituellen Meister darstellten.
14 Siehe dazu: Heribert Fischedick, Erlösung durch Erkenntnis. Der spirituelle Pfad des Johannesevangeliums, bisher unveröffentlicht
15 Leo Maria Giani, In heiliger Leidenschaft. Mythen, Kulte und Mysterien, Kösel-Verlag, München 1994, S. 27
16 Leo Maria Giani, a. a.O.
17 Lothar Zenetti, Inkonsequent. Aus: ders., Auf Seiner Spur. Topos plus

327. © Matthias-Grünewald-Verlag, Mainz, 3. Aufl. 2002.

18 Karlfried Graf Dürckheim, Meditieren – wozu und wie?, Freiburg 1976, S. 144

19 Im Hebräischen werden nur Konsonanten geschrieben. Ihnen ist jeweils eine Zahl zugeordnet, sodass sich Worte auch in Zahlen ausdrücken lassen und einen Zahlwert haben.

20 Siehe dazu: Heribert Fischedick, Von einem, der auszog, das Leben zu lernen. Glaube und Selbstwerdung, München 1987

21 Aus: Das Apokryphon des Johannes, in: Gerd Lüdemann/Martina Janssen, Bibel der Häretiker. Die gnostischen Schriften aus Nag Hammadi, Stuttgart 1997, S. 127

22 Siehe dazu: Heribert Fischedick, Der Weg des Helden, München 1992, S. 11–43

23 Nicht alle biblischen Texte entsprechen diesem Anspruch, denn viele sind verwoben mit institutionellen Interessen ihrer Verfasser und überlagern die spirituelle Botschaft mit Druck und moralischen Anweisungen.

24 Zur Symbolik des Altares und des Einzugs siehe die entsprechenden Ausführungen im Kapitel über die Eucharistie.

25 Noch bis in den Anfang des 20. Jahrhunderts sah man den Priester in Begleitung von Messdienern mit der so genannten »Wegzehrung«, der Eucharistie, zum Sterbenden eilen, und jeder konnte sich ihm anschließen und dem Ritual und dem Sterbenden beiwohnen.

26 Siehe dazu: Heribert Fischedick, Aufbrechen – Schuld als Chance, München 1988

27 Siehe dazu: Heribert Fischedick, Erlösung durch Erkenntnis, a. a. O.

28 Alle zitiert nach: Gerd Lüdemann, Unterdrückte Gebete, S. 45f

29 Alle zitiert nach: Kleines Ritual für besondere pastorale Situationen, Freiburg 1980, S. 127 ff.

30 In Sumatra wird der Tote in einem Sarg in Schiffsform (Übergangssymbol!) an einer Hausseite unter dem Dach aufgebahrt, ein Rohr leitet die Leichenflüssigkeit in den Boden. Sieben Tage bis drei Wochen später kommt die Leiche auf den Friedhof und zwei Jahre später werden Reste mit einem großen Totenfest in das Beinhaus überbracht. Im alten Israel wurde der Leichnam zunächst in der vorderen Grabkammer in einen Leichentrog gelegt, später wurden die Knochen in die hintere Grabkammer verbracht und der Verstorbene wurde so »zu seinen Vätern versammelt«, deren Knochen dort bereits lagen.

31 Auf den Philippinen dürfen die Trauernden an drei Zeitpunkten des

Begräbnisses heulen, schreien, den Verstorbenen laut beschuldigen und mit Gewalt etwas zerstören, denn auch Wut gehört in diesem Zusammenhang zu den legitimen emotionalen Reaktionen: Wut z.B. auf »das Schicksal«, das einem einen geliebten Menschen raubt, oder Wut auf den Verstorbenen, der einen »im Stich lässt«. In anderen Kulturen zerreißen sich die Angehörigen ihre Kleider, womit sie ebenfalls in einem dramatischen Akt ihren Zorn und ihre Verzweiflung ausdrücken und gleichzeitig das Zerreißen der Verbindung sichtbar machen. Auch das Klagegeschrei so genannter »Klageweiber« fördert den emotionalen Ausdruck der Teilnehmenden.

32 Es ist übrigens selbstverständlich möglich, eine Leiche auch aus dem Krankenhaus oder dem Pflegeheim nach Hause zur Aufbahrung zu überführen, die zumindest drei Tage dauern darf.

33 Ich bestehe darauf, dass auch beim Einsatz technischer Hilfsmittel der Sarg bis auf den Boden gelassen wird und nicht »zwischen Himmel und Erde schwebend« bleibt. Außerdem ist es auch heute noch möglich, den Sarg von Angehörigen und Freunden zu Grabe tragen zu lassen.

34 Die Leitung von Ritualen ist weder an ein Geschlecht gebunden noch an eine Weihe noch an ein Theologiestudium, sondern an spirituelle Erfahrung, Verständnis der Dramaturgie und ausreichend Kenntnisse und Interventionsmöglichkeiten, um die ausgelösten Prozesse stützend zu begleiten.

35 Daan van Kampenhout, Heilende Rituale, Freiburg 1996, S. 87f.

36 Mit dieser Anrede gehe ich vorsichtig um, weil es »das besudelste aller Worte« ist (M. Buber), belastet mit unguten Vorstellungen und Stimmungen; »Du Quelle aller Liebe«, »Quelle allen Lebens«, »Urgrund und Halt« – wählen Sie eine Anrede, die Ihrem Empfinden angemessen ist.

37 Im großen Ritual der Kar- und Osterliturgie nehmen sich die Teilnehmer jedes Mal am Samstag, dem Tag des Saturn, der Begrenzung und Lösung verkörpert, Zeit, sich zu überlegen, wovon sie sich lösen möchten, dies schreiben sie auf Zettel oder sie gestalten entsprechende Symbole, die dann im Osterfeuer verbrannt werden.

38 Unter Verwendung von Anregungen aus: Margarita Schäffer, Zerbrochen – und trotzdem Leben feiern, unveröffentlichte Seminararbeit, Graz 2002

39 Z.B. die Psalmen 22; 42; 74; 88; 102; 142

40 Nach einem Text bei Margarita Schäffer, a.a.O.

41 Drehrichtung beachten! Bei Frauen 1. Chakra linksdrehend, 2. rechts-

drehend, 3. linksdrehend, 4. rechtsdrehend, 5. linksdrehend, 6. rechtsdrehend, 7. linksdrehend; bei Männern umgekehrt: 1. Chakra rechtsdrehend usw.

42 Siehe dazu: Heribert Fischedick, Aufbrechen – Schuld als Chance, München 1988

Literatur zum Thema

Alfred Lorenzer, Das Konzil der Buchhalter. Die Zerstörung der Sinnlichkeit. Eine Religionskritik, Frankfurt am Main 1981

Axel Michaels, Le rituel pour le rituel?, in: unimagazin. Die Zeitschrift der Universität Zürich, 1/98

R. A. Rappaport, Ritual sanity and cybernetics, in: American Anthropologist 73 (1), 1971, S. 59–76

Arnold van Gennep, Übergangsriten, Paris 1909

Catherine Herriger, Wie Rituale unser Leben bestimmen, Weyarn 1998

Rupert Sheldrake, Das Gedächtnis der Natur, Hamburg 1993

Ders., Das schöpferische Universum. Theorie der morphogenetischen Felder, Hamburg 1993

Stefan Brönnle, Landschaften der Seele. Von mystischen Orten, heiligen Stätten und uralten Kulten, München 1994

Joan Borysenko, Ein Wunder täglich, Freiburg 1996

Dies., Gemeinsam vor Gott, Gütersloh 1976

Margarita Schäffer, Zerbrochen – und trotzdem Leben feiern, unveröffentlichte Seminararbeit, Graz 2002

Diane von Weltzien, Die Welt der Rituale, München 1994

Bibliografische Information der Deutschen Bibliothek
Die Deutsche Bibliothek verzeichnet diese Publikation in der Deutschen Nationalbibliografie; detaillierte bibliografische Daten sind im Internet über http://dnb.ddb.de abrufbar

Kreuz Verlag GmbH & Co.KG Stuttgart
Verlagsgruppe Dornier
Postfach 80 06 69, 70506 Stuttgart

www.kreuzverlag.de
www.verlagsgruppe-dornier.de

Umschlaggestaltung: Bergmoser & Höller Agentur, Aachen
Umschlagbild: © J L de Zorzi/Corbis
Satz: de·te·pe, Aalen
Druck und Bindung: Clausen & Bosse, Leck

ISBN 3-7831-2390-9